SCHATTEN – SPUREN – BEGEGNUNGEN

Vilém Fuchs

Schatten – Spuren – Begegnungen

Die bitteren Jahre in Prag
1935 – 1945

Verlag H. M. Hauschild GmbH

© 1999 beim Verlag H. M. Hauschild GmbH, Bremen
Herausgeber: Arend Vollers, Bremen
Sämtliche Illustrationen von Alfred Fuchs
Fotos: Privatarchiv
Buchgestaltung: Gernot Braatz, Bremen
Gesamtherstellung: H. M. Hauschild GmbH, Bremen

ISBN 3-931785-92-0

Bemerkungen des Herausgebers Arend Vollers

Manchmal habe ich im Leben Träume, manchmal verfolgen mich fixe Ideen, deren Verwirklichung schwierig, unmöglich, nicht notwendig – wenn nicht gar fast verrückt erscheinet. Diese fixen Ideen beschäftigen mich stärker oder weniger, sie verschwinden fast, tauchen gelegentlich wieder auf und ziehen sich oft auf schlaflose Stunden in der Nacht zurück.

Eine meiner viel zu vielen fixen Ideen war diejenige, die mich die letzten zehn Jahre am meisten beschäftigte, den Inhalt dieses Buches möglichst vielen Lesern zu vermitteln.

Wie kam es dazu?

Eines Tages Anfang der achtziger Jahre lernte ich einen Dr. Vilém Fuchs von Radio Bremen kennen. Einen gutaussehenden Herren, etwas älter als ich. Mit grauen Haaren, einem immer offenen Gesichtsausdruck, einem herzhaften Lachen, voller Witz und regsamem Geist, blendenden Geschichtskenntnissen und einem scharfen, analytischen Verstand. Es war immer eine Freude, ihm zuzuhören, wenn er seine Gedanken in makelloses Schriftdeutsch brillant umzusetzen verstand. Seine Gedanken sonntags um 13 Uhr im Hörfunk begeisterten immer wieder durch Sprache und Inhalt. So war er eine große Bereicherung unseres Freundeskreises.

Freund wurde er mir in einer lauen Herbstnacht. Ich brachte ihn von einem Essen mit nach Hause, und wir unterhielten uns einige Zeit über unsere Jugend und unsere Ziele damals. Gegen Mitternacht wurde es dunkel, die Stadt ging schlafen. Plötzlich kamen aus diesem neben mir sitzenden, in der Dunkelheit gesichtslosen Menschen Gedanken, Träume, Ängste, Gefühle, Selbstgespräche – Worte, an denen ich fast nur als Zuhörer beteiligt war. Als wir uns im Morgengrauen trennten, waren wir vertraute Freunde.

Nach dem letzten Händedruck im Krankenhaus geht mir immer wieder durch den Kopf, was dieser Mensch Vilém Fuchs mir und anderen durch seine Geschichten hinterlassen hat: die Überwindung von Haß und Leid durch Menschlichkeit und Menschenliebe.

Der Familie Fuchs, besonders seinem Bruder Alfred in Prag, danke ich für die Hilfe bei der Druckvorbereitung, vielen gemeinsamen Freunden für die Unterstützung bei diesem Vorhaben. Möge nicht nur uns Deutschen, sondern auch anderen im Sinne von Vilém Fuchs dieses Buch helfen, jeden Haß zwischen Menschen und Völkern zu überwinden.

Erinnerungen an Vilém Fuchs

Vilém Fuchs wurde in Saarbrücken geboren. Als Kind emigrierte er mit seinen Eltern nach Prag, der Heimat seines Vaters. Prag wurde auch seine Heimat. Vilém Fuchs starb im Alter von nur 67 Jahren 1990 in Bremen. Sein Ableben war nicht nur für diejenigen ein unendlicher Verlust, die ihn persönlich kannten und ihm nahestanden, sondern für alle, die für die Ideen der politischen Selbstemanzipation von fremder Unterdrückung kämpfen. Fuchs, ein vorzüglicher Kenner der tschechischen Geschichte, machte sich diese Traditionen zu eigen, die erstmals vom religiösen Reformator des späten Mittelalters Jan Hus verkündet und in unserem Jahrhundert von Thomas Masaryk, Eduard Benesch, Alexander Dubček und Vaclav Havel aufgegriffen wurden.

Sein Vater entstammte einer Familie des deutschsprachigen böhmischen Judentums, dessen kultureller Beitrag sich auf alle Gebiete der Wissenschaft, der Literatur und der Politik erstreckte: Ihm gehörte der geniale Schöpfer der Psychoanalyse, Siegmund Freud, ebenso an wie die Schriftsteller Egon Erwin Kisch, Franz Kafka, Max Brod, Stefan Zweig und Karl Kraus. Auch die drei führenden Persönlichkeiten der österreichischen Arbeiterbewegung, Viktor Adler, Otto Bauer und Bruno Kreisky, waren Juden aus Böhmen und Mähren.

An Menschen von großer geistiger Qualität wie Fuchs dachte Bertolt Brecht, der in einem seiner Gedichte schrieb:
„Viele sind zuviel, wenn sie fort sind, ist es besser.
Aber wenn *er* fort ist, fehlt er."
Vilém Fuchs fehlt uns allen.

Walter Grab

Abschiedsworte für Dr. Vilém Fuchs

Entstehen und Vergehen, Geburt und Tod sind unverrückbare Phänomene in unserem Universum. Alles und wir alle, auch wir Menschen sind ihm unterworfen.

Zwischen diesen beiden Polen spannt sich unser Leben aus. Für jedes Lebewesen enthält es einen tiefen Sinn und hat einen Anteil an der Gesamtheit des Universums.

Unser menschliches Leben ist gekennzeichnet und geprägt von der Geistigkeit und der Person, die sie trägt, von der Wärme und der Zuwendung zum Mitmenschen und von der Tiefe der Emotion.

Diese geringe Auswahl von Eigenschaften strahlt aus der menschlichen Persönlichkeit hinaus in die Welt und wirkt in die Mitwelt hinein.

Diese Kräfte bestimmen aber auch neben unserem Denken und Fühlen unser Handeln, welches sich der Mitwelt und der Nachwelt als unauslöschbare Spur einprägt.

Das Leben von Dr. Vilém Fuchs ist wahrlich von tragischen Tiefen und Höhen gekennzeichnet. Meine Aufgabe hier ist es nicht, sein Engagement für Freiheit und Wahrheit nachzuzeichnen, nicht seine bis ins letzte gehende existentielle Bedrohung darzustellen, wohl aber darauf hinzuweisen, wie er im letzten Jahr seines Lebens das Glück hatte, die Richtigkeit seines Denkens und Handelns zu erfahren.

Vielmehr möchte ich mich auf die Erinnerung an den Mann beschränken, der unserem Freundeskreis unendlich viel Impulse gab.

Seine scharfen Analysen politischer, geistiger und kultureller Strömungen, seine Fähigkeit zur Verknüpfung aktueller und historischer Ereignisse, seine innere Beteiligung bei allen Gesprächen sind uns unvergessen. Sie waren in jedem Augenblick eine besondere Bereicherung an Belehrung und an Zuwendung zum Gesprächspartner.

Dieses Letztere dürfte ein besonders bemerkenswerter, ein liebenswerter und ein einmaliger Zug seines Wesens sein.

Wem er sich aufschloß, dem schloß er sich ganz und gar auf. Er hat sein Leben mit außerordentlicher Intensität gelebt. So ist es nur zu verständlich, daß es ihm doch zu kurz erschien.

Dennoch, eine drohende und unheilbare Erkrankung überschattete die letzten Monate. Sie hat ihm Qual und Schmerz zugefügt; er hat es nie gezeigt.

So wollen wir bei aller Trauer um das Ende seines Lebens und des Zusammenlebens mit ihm doch nicht nur egoistisch an uns denken, sondern an ihn, dem durch den gnädigeren und letztendlich schnellen Tod viel Qual und Leid erspart wurde. Wir sollten solches als Gnade für ihn erkennen, uns nicht in Trauer zurückziehen, sondern sollten in aller Verbundenheit mit ihm an seine frühere Lebensfreude denken und alles, was er uns hinterlassen hat, als lebendiges Andenken bewahren.

Der Tod ist eine Zäsur, die uns zwar materiell auslöscht, nicht aber unsere prägende Geistigkeit. Diese wirkt weiter. Solche Vorstellungen sollen uns helfen, Trauer zu überwinden, sie sollen Trost sein bei froher Erinnerung an den Vergangenen, der dennoch in uns und um uns weiter lebt. Meinen letzten Gesprächen mit Dr. Vilém Fuchs habe ich dieses als Aufforderung entnommen. Alles geht weiter. Auch unsere Zwiegespräche mit der Vorstellung, wie würde er uns antworten, bleiben lebendig. Damit danken wir ihm, was er uns in unserem kleinen Kreis an Großem gegeben hat.

7. September 1990   Klaus Aebert

Inhalt

Einige unmaßgebliche Angaben über den Lebenslauf eines gewissen
Wilhelm Fuchs, zusammengetragen, erlebt und ausgedacht vom
selbigen selbst 11

Das Stephansgymnasium und Koza Lieben, 1938 17

Boten aus einem fernen Land 45

Das Ende des Paul Fantl (ca. 1936–1944) 79

Die kleine Wanda und der kleine Pavel Bloch 93

Wie mir ein Toter das Leben rettete; und was ich einem
Kriminellen zu verdanken habe 105

Kvetoslav Wiesner 139

Die Befreiung 1945 153

Ein später Nachruf 167

Einige unmaßgebliche Angaben über den Lebenslauf eines gewissen Wilhelm Fuchs, zusammengetragen, erlebt und ausgedacht vom selbigen selbst

Geboren vor 61 Jahren in Saarbrücken; nach der „Heimkehr der Saar" ins Reich 1935 Emigration mit Eltern und Geschwistern in die Heimat seines Vaters, nach Prag. Daselbst deutsches Stephansgymnasium; als er es endlich geschafft hat, Klassenprimus zu werden (was kein Kunststück ist, da die jüdischen Mitschüler nach München 1938 von der Schule vertrieben wurden), holt Adolf Hitler die Familie Fuchs ein, und der junge Fuchs geht von der Schule ab. Wird Knecht auf einem Gut bei Königgrätz; später erlernt er das edle Schreinerhandwerk. Da sein Vater arbeitslos geworden ist (und bleibt), verdient sich der Lehrling seinen Lebensunterhalt, indem er an Sams- und Sonntagen Möbel spediert. Gleichzeitig besucht er die von den Nazis versehentlich nicht liquidierte Arbeiterabendschule; 1942 macht er das Abitur an einem öffentlichen Gymnasium mit tschechischer Unterrichtssprache. Drei Monate später erwirbt er die Qualifikation eines Deutschsprachelehrers an Mittelschulen mit tschechischer Unterrichtssprache im Protektorat Böhmen und Mähren. Dergestalt ausgestattet, legt er die Lehrlingsprüfung ab und wird Tischlergeselle.

Schon 1941 steckt er seine Nase in Dinge, die ihn nichts angehen: Er betätigt sich in einer illegalen Widerstandsorganisation. Ein Jahr später steckt er schon bis über die Ohren drin – er verfällt dem Irrglauben, er sei gescheiter als die Gestapo. Diese beweist das Gegenteil, verhaftet die Organisation incl. Fuchs, den sie bis Kriegsende im Gestapogefängnis Prag-Pankratz inhaftiert hält. Obwohl der deutsche Staatsminister für Böhmen und Mähren, SS-Obergruppenführer und General der Polizei K. H. Frank, Sonderbehandlung anordnet, überlebt der Häftling Fuchs, weil die Gestapo doch nicht *so* gescheit ist: Sie vermutet, sie könne den Fuchs noch als Kronzeugen gebrauchen bei der Identifizierung eines gesuchten Kuriers zwischen Zentrale und Basis. Dieser segensreiche Irrtum ist ein zwiefacher: Erstens weiß der Fuchs ohnehin nichts von einem Verbindungsmann, und zweitens kriegt den die Gestapo bis Kriegsende nicht. Inzwischen hat man den Fuchs im Gefängnis vergessen; er wird im Verlauf des Prager Aufstandes vom 5. Mai 1945 befreit.

Dem befreiten Fuchs geht es ziemlich mies, da er aus dem Gefängnis ziemlich fleischlos, dafür aber mit einem kaputten Herz herauskommt. Im

Vilém Fuchs nach dem Zweiten Weltkrieg

Laufe der Zeit trudeln zu Hause auch Bruder Alfred und Vater Fuchs aus den KZs ein, in denen sie ebenfalls bis Kriegsschluß gewesen waren. Da der befreite Widerstandskämpfer Fuchs für sein Alter zwar schon bemerkenswerte Erfahrungen gesammelt hat, politisch aber noch sehr naiv ist, glaubt er fest daran, daß nach dem Dreck des Krieges eine neue Gesellschaft in Greifweite ist, die es nur noch zu schaffen gilt – eine Gesellschaft ohne Unterdrückung und Ausbeutung, eine Gesellschaft freier und gleicher Menschen.

Die Arbeiter des Betriebs, in dem der Schreinergeselle Fuchs einst verhaftet worden war, wählen ihn zum Boß des Unternehmens. Obwohl er lieber studiert hätte, wird er also Leiter einer holzverarbeitenden Fabrik. Ein halbes Jahr später läßt er sich aber trotzdem noch zusätzlich an der Philosophischen Fakultät der Karlsuniversität in Prag immatrikulieren. 1949 wird er promoviert: Seine Dissertationsarbeit hat zum Thema die ideologischen Strömungen im Verlauf der großen englischen Revolution im 17. Jahrhundert. Im selben Jahr noch wird er zum Sekretär einer zu begründenden Hochschule ernannt, die führende Leute für Wirtschaft, Diplomatie, Staatsverwaltung usw. heranbilden soll. Prorektor dieser Hochschule wird gleichzeitig Prof. Dr. J. Hájek, der spätere Außenminister der Tschechoslowakei.

1951 gerät Fuchs im Verlauf der Zerschlagung des sogenannten staatsfeindlichen Zentrums um Rudolf Slánský ebenfalls in die Schußlinie; im Frühjahr 1951 wird er liquidiert – sein Klassenursprung, seine Nationalität, seine rassischen Beimengsel, sein Geburtsort, seine Illegalität, seine Auslandskontakte prädestinierten ihn eigentlich zum Galgen, auch wenn er *gar* nichts gemacht hätte.

Aber gütigerweise wird er nur zum „bývalý člověk", zum ehemaligen Menschen. Er kommt unter im größten stahlverarbeitenden Unternehmen Prags als Stahlbrenner und -schneider; seinen erlernten Beruf als Schreiner darf er nicht ausüben, da dies ein „ehrbares" Handwerk sei, wie ihm vom Chef der Kaderabteilung bedeutet wird.

Im Herbst 1951 wird er strafweise eingezogen; zwei Jahre verteidigt er den realen Sozialismus in den Sümpfen des Böhmerwaldes gegen den Imperialismus.

1953 überprüft eine Kommission der Politischen Hauptverwaltung des Verteidigungsministeriums, ob der Soldat Fuchs nicht doch besser hätte gehängt werden sollen; als sie feststellt, daß dies nichts bringen würde, lebt der Betreffende weiter – bis zum heutigen Tage.

Ende 1953 wird der Weiterlebende entlassen – gottlob sind damals schon Stalin und Gottwald tot; es wird nur noch selten aus politischen Gründen gehenkt. Fuchs kehrt in „seine" Fabrik zurück. Daselbst kommt er in die Schreinerwerkstatt, wird mit fortschreitendem Tauwetter Gehilfe des Meisters, später wird er in die Abteilung des Energetischen Ingenieurs ausgekoren (deshalb läßt er sich als außerordentlicher Student an der Technischen Hochschule immatrikulieren und legt dort sogar die erste Staatsprüfung ab) – nach einigen Jahren ernennt ihn der Generaldirektor zum Leiter der Organisationsabteilung sowie des Sekretariats des Generaldirektors und zum Sekretär des Technisch-Wissenschaftlichen Beirats des Unternehmens. Und da das Unternehmen recht groß ist, bedeutet das schon fast eine Rehabilitierung.

Formell wird der Fuchs rehabilitiert 1963; man bestellt ihn auf das Zentralkomitee der KP, wo sein ehemaliger Kommilitone Císař inzwischen zum zweiten Sekretär des ZK avanciert ist, und teilt ihm mit, seine Liquidation vor zwölf Jahren sei ein „Irrtum" gewesen.

Vor die Wahl gestellt, ob der ehemalige „ehemalige Mensch" zur Enzyklopädie der Wissenschaft oder zum Fernsehen oder zum Rundfunk gehen wolle, wählt der Rehabilitierte den Rundfunk.

Er bemerkt bald, daß er eigentlich recht sonderbare Sonderrechte hat: Er kann (fast) alles sagen, was er möchte. Die Ursache: Die ihn rehabilitierten, sind dieselben, die ihn damals liquidierten (und mit ihm noch viele andere – bis zum Galgen). So vertraut man dem Fuchs sofort eine verhältnismäßig große Redaktion (für Philosophie und Wissenschaft) an, obwohl er von Rundfunk nicht viel mehr weiß, als daß man die Sendungen in ein Mikrophon spricht und dann ausstrahlt. Allerdings hat er unter fremdem Namen schon während seiner „Ehemaligenmenschenzeit" Kommentare für den Rundfunk geschrieben (etwa fünf Jahre); aber seine Qualifikation ist doch eher politischer Art. Denn Fuchs nutzt den Freiraum, den er hat. Als er gelernt hat, wie man Rundfunk macht, und schon einige Preise bekommen hat, wird er zum Chefredakteur der deutschsprachigen Sendungen von Radio Prag ernannt; kaum ernannt, bekommt er auch schon Krach mit dem Gralshüter marxistisch-leninistischen Gedankenguts im Bereich des realen Sozialismus: mit dem SED-Zentralkomitee. Denn man hört die Sendungen des Fuchs leider nicht nur in der Bundesrepublik Deutschland, sondern auch im Staat der Arbeiter und Bauern. Und weil der Fuchs meint, man müsse argumentativ, d. h. kritisch daherkommen, stört er die Kreise im Norden.

1965 schickt man den deutschsprachigen Fuchs nach Bonn als Auslands-korrespondenten – wodurch man sich einer Unbequemlichkeit entledigt und die Genossen Hager, Sindermann und Eisler befriedigt.

Pech ist, daß der Fuchs in Bonn bald die führenden Leute kennenlernt, die später die Große Koalition bilden; sein Freund Hájek wird inzwischen Außenminister in Prag. Und als es darum geht, Formeln der Überwindung des Münchner Abkommens von 1938 zu finden und die gegenseitigen Beziehungen zwischen Bonn und Prag zu normalisieren, kann der narrenfreie Journalist Fuchs eine bestimmte Rolle als Mittler spielen. Seine Tätigkeit erregt die mißtrauische Aufmerksamkeit der Moskowiter Führung; als die brüderlichen fünf Armeen in der Tschechoslowakei im August 1968 einrücken, nimmt sich die Moskauer „Prawda" (zu deutsch: „Die Wahrheit") den Fuchs vor die Brust und erklärt ihn kurzerhand zum „Chef des zweiten Zentrums in der BRD" – was immer sich unter dieser ominösen Bezeichnung auch verbergen mag. Da der Fuchs inzwischen eine gewisse Erfahrung mit Diktaturen gesammelt hat, zweimal dem Galgen entronnen ist und immerhin unter den Nazis sechs Jahre als Angehöriger des „Untermenschentums" und unter den Realsozialisten zwölf Jahre als Angehöriger des „Ehemaligenmenschentums" verbracht hat, entschließt er sich, dem Ruf des Prager Senders nach Heimkehr nicht Folge zu leisten. Dafür wird er zu zwei Jahren Zuchthaus (Strafanstalt mit verschärftem Regime) verurteilt; da das Urteil rechtskräftig geworden ist (der Verurteilte hat in der vorgeschriebenen Frist von 14 Tagen keinen Einspruch erhoben, weil ihm die Tatsache seiner Verurteilung erst nach einem Jahr mitgeteilt wurde), kann der Delinquent nicht mehr nach Prag zurück. Übrigens wurde er inzwischen auch schon zwangsausgebürgert; von allen Bürgerrechten ist ihm nur das eine verblieben, seine Strafe jenseits des Böhmerwaldes abzusitzen.

1971 tritt an den inzwischen sich freiberuflich in Bonn Ernährenden Radio Bremen mit der Frage heran, ob derselbe nicht sein Schicksal enger mit dieser liberalen und freiheitlich denkenden Anstalt verbinden möchte. Der Befragte möchte. Und dankt es dem Sender bis heute (vor allem denen, die das damals beschlossen hatten – dem Intendanten Abich, dem Chefredakteur Schiller, dem Bonner Bürochef Schnell), daß sie einem Menschen, der damals keine Zukunft mehr hatte, wieder eine Zukunft gaben, ohne von ihm zu verlangen, er solle was auch immer widerrufen oder bekennen. In Bonn ist dann der Journalist Fuchs bis 1977 tätig gewesen; der Programmdirektor Schäfer hat ihn dann nach Bremen als Leiter der Abteilung Kultur und Gesellschaft berufen. Und so ist der Fuchs dann schließlich da gelandet, wo er vor 21 Jahren im Rundfunk begonnen hatte.

Inzwischen ist er wohl etwas schrumpeliger geworden, ruhiger, etwas weiser und toleranter. Auf dem Wege zur Erkenntnis der Relativität von Macht und Einflußmöglichkeiten und Gewichtigkeiten hat er sich einen dicken Herzinfarkt und eine Herzoperation geleistet. Und so kommt es, daß er jetzt langsam darüber anfing nachzudenken, was er in der kurzen Zeit, die er noch hat, nützlich tun sollte. Und da er nicht weiß, was ihm nach einer Neufassung des Schwerbehindertengesetzes noch blühen kann, zieht er sich nunmehro zurück. Um schreiben, denken und lesen zu können; vielleicht, um endlich wirklich verstehen zu lernen, worüber er zeitlebens geschrieben und gesprochen hat.

Bremen, den 14. August 1984

Das Stephansgymnasium und Koza Lieben, 1938

Schon am ersten Tage, als wir in Prag angekommen waren, hatte die „Deutschland-Deutschland-über-alles"-Arroganz, mit der wir all' die Jahre geimpft worden waren, einen ganz erheblichen Dämpfer bekommen. Wie Leute aus der tiefsten Provinz staunten wir über das Flair einer wirklichen Großstadt mit unzähligen Leuchtreklamen, großen, mondänen Kaufhäusern, mit Dutzenden von Theatern, Kinos, Konzertsälen, mit einem Verkehr, von dem wir uns nie hatten träumen lassen, mit Straßenbahnzügen, die eifrig klingelnd dicht aufeinander folgten, mit vornehmen Restaurants und immer vollen Stehbuffets, mit wohlgekleideten Menschen, die besonders des Abends auf dem Wenzelsplatz, am Graben, in der Nationalstraße bis hin zur Moldau flanierten, mit Offizieren in uns fremden, schmucken Khaki-Uniformen. Wo war unser kleines Saarbrücken geblieben!

Ich erinnere mich, daß wir – mein Bruder und ich – anfangs alles aufschrieben, was wir hier Wunderbares gesehen hatten, um es unseren Schulfreunden an der Saar auch richtig erzählen zu können, wenn wir zurückkehren würden. Wir sammelten sogar die komischen Fahrscheine von der Straßenbahn, um sie unseren Klassenkameraden zeigen zu können. Die hier wurden nicht wie in Saarbrücken mit einem Bleistift entwertet oder nur eingerissen, sondern sie wurden vom Straßenbahnschaffner mit vielen Löchern beknipst. Zwei Löcher für Tag und Monat, eins für die Straßenbahnlinie, eins für die Einsteigestation, eins beim Umsteigen und eins für die Entwertung, wenn man „prímo", also „direkt" fuhr. Was man alles sehen konnte: auf dem Wenzelsplatz tausende Glühbirnen auf dem Haus des Verlags Nelantrich, die immer wieder den Namen der Tageszeitung „Ceské slovo" in riesigen Buchstaben schrieben, um dann wieder zu erlöschen, ein aus Neonröhren bestehender Storch, der einen Ballen Stoff auf den anderen legte, bis er verschwand, um seine Sisyphusarbeit von vorne zu beginnen. Das Kaufhaus, das sich dergestalt den Passanten empfahl, war das Textilgeschäft Prokop und Cáp. Einen halben Tag konnte man damit verbringen, die Menschen zu beobachten, die sich im sogenannten „Automaten" Koruna um die runden Tische drängten und hier stehend ihre Mahlzeiten einnahmen. Und was es hier alles gab: gebratene Gänseviertel, die so knusprig waren, daß das Fett aus den Poren herausschoß, wenn man mit der Gabel daraufdrückte. Es gab

Linsen, Palatschinken, Knödel, Schweinefleisch und Kraut, die Köche hampelten sich vor riesigen Pötten und Pfannen ab, um den ihnen vorbeidefilierenden Menschenschlangen von den Dutzenden Speisen die herauszufinden, die jeder wünschte. Dabei gab es unter den Wartenden Stammkunden, denen man wohl eine etwas größere Portion zuschieben wollte, oder auch andere, die das Fleisch lieber mager als fett wünschten. Denn die Koruna kochte gut und vor allem billig. Ein riesiges belegtes Brot kostete eine Krone (zu tschechisch Koruna, daher der Name), eine Knackwurst mit einer Semmel ebenfalls. Für einen Teller voll mehliger, gelber Erbsen mit einem Stück Gurke und gebratenen Zwiebeln mußte man eine Krone fünfzig Heller hinlegen. Für uns war das märchenhaft billig. Wir hatten beim Umtausch der deutschen Währung in tschechoslowakisches Geld noch fast 10,– Kronen für eine Mark bekommen. Ein Mittagessen also für weniger als 20 Pfennig – es schien, als ob wir in ein Paradies gekommen wären. Daß das Lohn- und Gehaltsniveau in unserer neuen Heimat, die ja noch gar keine neue Heimat war, sondern uns eher wie eine Art Sommerfrischenaufenthalt schien, viel, viel niedriger war als in Deutschland, konnten wir Jungens natürlich nicht ahnen. Wenn ein qualifizierter Arbeiter damals 1200,– bis 1500,– Kronen im Monat verdiente, gehörte er schon zu den „besseren" Leuten.

Als wir in Prag ankamen, lief gerade die große, vernichtende Weltwirtschaftskrise im kleinen Land zwischen Böhmerwald und Karpatenbogen aus; sie hatte hier viel tiefere Wunden gerissen als in Deutschland, wo sie schon schlimm genug gewütet hatte. In der kleinen Tschechoslowakei mit einer Gesamteinwohnerzahl von 14 Millionen Menschen hatte es über eine Million Arbeitslose gegeben. Von etwa dreieinhalb Millionen Menschen im arbeitsfähigen Alter hatte fast jeder Dritte zum Heer der Arbeitslosen – und Hungernden – gehört. Denn wer arbeitslos war, geriet schnell ins Elend. Die Tschechoslowakei war zwar eine veritable Demokratie; ein Sozialstaat war sie nicht. Später, als die erste Begeisterung über das Paris des Ostens, wie sich Prag selbst gern nannte, einer kühleren Betrachtungsweise gewichen war, erkannten wir bald mit der Schärfe, die dem jugendlichen Blicke eigen ist, die Schattenseiten des Landes, in das wir gekommen waren und das uns seinen Schutz gewährt hatte.

Wir sahen oft Zeichen von Elend, wie es in unserem doch auch in der Krise gebeutelten Saarland dann doch nicht denkbar gewesen wäre.

Wir erlebten zerlumpte Bettler, die von einer Mülltonne zur anderen schlichen, um dort unter den Resten Eßbares zu suchen. Ich sah einen alten Mann, der versuchte, aus weggeworfenen Ölflaschen letzte Tropfen auf seine schmutzstarrenden Hände zu schütteln, um sie dann abzulecken; wir sahen vor den Toren der Stadt, da, wo inzwischen das neue Wohnviertel in Krc entstanden ist, Ödland, in das sich Obdachlose Löcher gebuddelt hatten, in denen sie wohnten. Vor Kälte und Regen schützten sie sich mit Graslaschen, die sie aus dem Boden herausgestochen hatten. Ihre Höhlen hatten sie mit Blechstücken bedeckt, die sie aus leeren Teer- und Asphaltfässern geradegeklopft hatten.

Aber zu Beginn kamen wir aus dem Staunen nicht heraus. Dies war eine wirkliche Großstadt; mit Hunderten Kirchen und Palästen und Patrizierhäusern und einer mächtigen königlichen Burg, die Sitz des Präsidenten der Republik war. Da gab es riesige Parks mit Attraktionen. Im Königlichen Baumgarten konnte man sonntags sogar auf Ponys reiten! Hoffentlich, so meinten mein Bruder und ich, würde die prächtige Zeit unseres Exils nicht allzu schnell vorbeigehen – jedenfalls nicht früher, ehe wir alles gesehen, probiert, erlebt hatten, was es hier zu sehen, zu probieren und zu erleben gab!

Nur eine Sache schmälerte unser Vergnügen, auf Dauerbesuch woanders zu sein: Gleich zu Beginn hatten uns die Verwandten meines Vaters darauf aufmerksam gemacht, daß man zwar ungeniert überall deutsch sprechen könnte – übrigens gab es Kaffeehäuser, Banken, Büchereien, Buchhandlungen, Papiergeschäfte, wo man nur deutsch sprach –, daß aber die Tschechen nicht sonderlich erfreut seien, wenn das Deutsche in der Öffentlichkeit sozusagen dominant würde. Damit umschrieben unsere Warner vornehm die Tatsache, daß Deutsche im Ausland nicht nur zu einer gewissen Großmütigkeit neigen, sondern daß durch ihre Sprache oft auch in bezug auf klangliche Fülle und Phonstärke einheimische Lebensäußerungen etwas in den Hintergrund treten. Die Tschechen selbst sprechen meist leise. Man kann in einem überfüllten Omnibus oder in einer Straßenbahn kilometerweit fahren, ohne eines Gesprächs zwischen Mitreisenden habhaft zu werden. Das hängt mit der Vorliebe für das Halbdunkel bei dieser Nation zusammen: Man gewährt Unbefugten nicht allzu gern Einblick in das, was man denkt, wie man lebt, was einen bewegt. Wir waren da – und das hatten Tanten und Onkel, Verwandte und Freunde bald herausgefunden – von einer Unbekümmertheit, die das deutliche, keineswegs aber immer positive Interesse unserer jeweiligen Umwelt auf uns lenken mußte. Ich glaube aber, daß die Warnungen uns gegenüber nicht ganz selbstlos waren. Waren es doch meist deutschsprechende Juden, die uns den wohlmeinenden Rat auf den Weg gaben, unser Deutschtum sozusagen piano bis pianissimo zu pflegen. Und sie selbst waren ja deutschsprachig. Das heißt, sie sprachen ein Deutsch, das sie selbst als das reinste Deutsch auf Gottes Erdboden bezeichneten und auf das sie sehr stolz waren – das uns aber merkwürdig hart und ein wenig böhmaklisch vorkam, also so, als ob das reine Deutsch mit einem deutschsprechenden Tschechen eine Mischehe eingegangen sei, aus der das reinste Deutsch aller Deutschs entsprungen war. Tatsache ist, daß das Prager Deutsch nicht nach Humus roch als eine Sprache, die ihre Kraft und Entwicklung nicht aus einer breiten Volksschicht saugt. Wenn es sich überhaupt entwickelte, dann nur in Abhängigkeit von der intellektuellen Entwicklung der Sprache, also von einer Entwicklung in der zweiten Etage. Das Prager Deutsch lebte wie in einer Enklave inmitten eines tschechischen Meeres. Während das Tschechische mit allen Fasern eben mit Bauern und Handwerkern, mit allem, was sich auf der Straße beweg- te, verbunden war und sich entwickelte Hand in Hand mit der stürmi- schen Emanzipation, die das Tschechentum in den vergangenen hundert Jahren mitgemacht hatte und immer noch mitmachte auf allen Gebieten der Kunst und der Kultur, der Wirtschaft und der Politik, der Wissen- schaften und der Technik, hatte sich das Prager Deutsch in einem gewis- sen Sinn selbst konserviert. Großartige Autoren hatten sich dieses Deutschs bedient. Einige schrieben in dieser Sprache immer noch: Kafka und Brod und Werfel und Kisch – dennoch schien dieser Sprache, so sie zur Umgangssprache wurde, etwas merkwürdig Gedrucktes, Literarisches anzuhängen.

Dazu kam aber noch etwas: Neben den Prager Deutschen, die „echte" Volksdeutsche waren, befleißigten sich des Prager Deutschs auch vor- nehmlich jene Juden, deren Vorfahren nach der Aufhebung als Assimila- tion hin zum Deutschtum begriffen hatten, sich also nicht der tsche- chisch-nationalen Bewegung angeschlossen hatten, sondern vor allem danach strebten, so deutsch wie möglich zu werden und, da sie nur zöger- lich, wenn überhaupt, von den „echten" Deutschen akzeptiert wurden, alles daran setzten, wenigstens hervorragende Bildungsdeutsche zu sein. Bildung aber beruhte damals – so wurde sie allgemein aufgefaßt – auf der Vertrautheit mit klassischer Literatur: Und da die Juden wußten, welchen Einfluß gerade die Periode der deutschen Aufklärung auf ihr bürgerliches und geistiges Leben gehabt hatte, galt ihr Hauptinteresse gerade dieser großen Zeit deutscher Kultur. Ein deutschsprachiger jüdischer Bürger, der in seiner Bibliothek nicht die gesammelten Werke Lessings, Goethes, Schillers, Heines, Kants, auch Schopenhauers, Nietzsches und dazu noch die Schriften von und über Bismarck gehabt und auch gekannt hätte, hätte sich selbst disqualifiziert.

Daher auch das große Interesse der deutschsprachigen Prager Juden am deutschen Theater. Am Neuen Deutschen Theater (das heute Tyl-Theater heißt), in dem noch Mozart selbst die Uraufführung seines „den lieben Pragern gewidmeten" Don Giovanni begleitet hatte. In den Vorstellungen des Neuen Deutschen Theaters fanden sie die Welt wieder, in der sie am liebsten gelebt hätten, eine Welt, die sie kannten, die sie beherrschten, eine Sprache, die ihnen als die ihre vertraut war – vertrauter als den „echten" Deutschen, deren Sprache sich ja wie ein lebendiger, sprudelnder Bach der allgemeinen Entwicklung der Nation folgend tagtäglich veränderte, fächerte und daher ihrer marmornen klassischen Strenge entfernte. So war es auch ganz selbstverständlich, daß wir, mein Bruder und ich, sogar noch als unser Vater arbeitslos war und lange Jahre erwerbslos blieb, ein Schülerabonnement auf der zweiten Galerie des Neuen Deutschen Theaters bekamen – auch wenn an anderen Dingen zu Hause aufs äußerste gespart werden mußte. Daß wir das deutsche Theater nicht mehr betraten, als sein Repertoire von den Befehlsempfängern des Dr. Joseph Goebbels und des Alfred Rosenberg bestimmt wurde, ist selbstverständlich.

Bemerkenswert ist, welch geringe Rolle anscheinend das Sudetendeutschtum in Prag gespielt hat. Schließlich zogen ja auch hier und da Deutsche aus den deutschbesiedelten Gebieten Böhmens und Mährens nach Prag um: Beamte, Bankangestellte, Handwerker, Bedienstete (insbesondere Dienstmädchen) – aber weder in der deutschsprachigen Presse Prags, noch im kulturellen Bereich traten sie – so schien es mir damals jedenfalls – sonderlich in Erscheinung. Eine Ausnahme dürfte die Deutsche Karlsuniversität zu Prag gewesen sein, da deren Einzugsgebiet natürlich den Prager Raum weit überschritt. Wenn es zu deutschnationalen Eruptionen während dieser Zeit in Prag kam, waren sie meist verknüpft mit der Universität und der „Deutschen Technischen Hochschule", mit dem „Deutschen Haus" und einigen deutschnationalen Turnvereinen. Aber mit der Deutschen Karlsuniversität hatte ich damals ja noch nichts zu schaffen. Die Geschichte unseres Erdteils, an der sich der großdeutsche Führer so überaus aktiv unter dem Sieg-Heil-Gebrüll seiner Landsleute beteiligt hat – auch derer aus dem Sudetenland und aus Prag –, hat bewirkt, daß ich diese Universität später nie mehr habe kennenlernen können. Nachdem die Spaltung der Schöpfung des Kaisers des Heiligen Römischen Reichs deutscher Nation und Königs von Böhmen, Karls IV., in eine „Deutsche Karlsuniversität" und eine „Ceská universita Karlova", zu der es als Zugeständnis an die wiedererstarkte tschechische Nation gekommen war, von Konstantin Freiherr von Neurath, dem Reichsprotektor von Böhmen und Mähren, am 17. November 1939 rückgängig gemacht worden war, indem er die tschechische Universität und die tschechische technische Hochschule einfach schloß, wandelten die Tschechen 1945 das Vorzeichen dieser kultur- und menschenfeindlichen Entscheidung der Besatzer einfach um. Von nun an gab und gibt es nur noch eine „Universita Karlova", also eine Karlsuniversität, und eine „Vysoké ucení techické", also eine Technische Hochschule – aber die sind tschechisch. Nur tschechisch. Als ich ins universitätsreife Alter kam, gab es keine „Deutsche Karlsuniversität" mehr, die man hätte besuchen können.

In der Zeit, über die ich hier berichte, galt mein volles Interesse einer anderen Schule in Prag, die eine mit der Deutschen Karlsuniversität vergleichbar große Rolle im Bildungswesen der deutschsprachigen Bürger Prags gespielt hat: dem Deutschen Staats-Realgymnasium in Prag II, dem Stephansgymnasium.

Trotz der schier trostlosen Situation, in der sich mein Vater nach seiner Emigration nach Prag befand, entschlossen sich doch meine Eltern, keine Zäsur in meiner Ausbildung eintreten zu lassen. Wohl war mein Vater nach dem Verlassen des Saargebiets in seine Heimatstadt Prag zurückgekehrt, wohl war er auch vor seiner Übersiedlung nach Deutschland tschechoslowakischer Staatsbürger gewesen; aber diese Staatsangehörigkeit und das Heimatrecht in seiner Geburtsstadt hatte er längst verloren, als er Ende der zwanziger Jahre die deutsche Staatsangehörigkeit angenommen hatte. Nie hätte er gedacht, er müsse einmal mit seiner deutschen Frau und den vollkommen deutsch erzogenen Kindern diese Wahlheimat, in der er glücklich war und die er liebte, verlassen. Als wir nun alle als Emigranten in die Tschechoslowakei gekommen waren, unterschieden wir uns in nichts von den Tausenden anderen, die vor Hitler hierher geflohen waren, von deutschen Sozialdemokraten, Kommunisten, Liberalen, Juden, Demokraten mit einer nazifeindlichen Vergangenheit. Und so erhielt mein Vater auch nur eine befristete Aufenthalts- und überhaupt keine Arbeitserlaubnis. Wir waren eben nicht als sonderlich gern gesehene Gäste der Nation gekommen. Die Tschechen hatten zu der Zeit genug

22

mit sich selbst zu tun, mit den Folgen der furchtbaren Wirtschaftskrise, die im ökonomisch unterentwickelten Sudetengebiet noch verheerende Auswirkungen gehabt und dadurch zu verschärften Auseinandersetzungen zwischen tschechischer Zentralregierung und deutscher Bevölkerung geführt hatte. Prag hatte zu tun mit seiner sich veränderten Einstellung seiner Verbündeten gegenüber dem gesamten Versailler Nachkriegssystem, mit einer Neueinschätzung des Deutschen Reichs in Mitteleuropa, mit neuen Gedanken in bezug auf das von Beneš betriebene Allianzsystem und die Kleine Entente. – Kurz, die Emigranten waren keineswegs etwas, das zur Lösung irgendeiner der brennenden Tagesfragen hätte positiv beitragen können. Im Gegenteil: Während man sich anschickte, besser mit Berlin auszukommen, waren die deutschen Emigranten sicherlich eine Belastung der deutsch-tschechoslowakischen Beziehungen. Hitler konnte jederzeit auf die großen bekannten Aktivitäten von Sozialdemokraten und Kommunisten von Prag aus hinweisen. Während die Tschechen fürchteten, das deutsche Element im Lande selbst könnte durch den Zustrom aus Deutschland gestärkt werden und daher eine aus nationalem Interesse verständliche abweisende Stellung gegenüber den Hilfe- und Asylsuchenden aus Deutschland einnehmen, gelang es der nicht hoch genug einzuschätzenden humanistischen und humanen Staatsführung der Tschechoslowakei unter Führung des greisen Präsidenten T. G. Masaryk, bis zuletzt die Tore für die Opfer des braunen Regimes und seiner fanatisierten Massen offenzuhalten. Während mächtige, reiche Imperien sich immer verschlossener zeigten gegenüber einer Welle von Not, die sie ja schließlich durch ihre Toleranz gegenüber Hitler und ihrer Appeasementpolitik gegenüber dem Angreifer mitverschuldet hatten, erwies sich die kleine, arm gewordene Tschechoslowakei als Zufluchtsstätte, an der die geschundene Demokratie ihr Haupt wenigstens für eine Übergangszeit zur Ruhe betten konnte.

Ich erinnerte schon daran, wie uns unsere Bekannten und Verwandten angehalten hatten, uns des Deutschen öffentlich etwas weniger lautstark und eher zurückhaltend zu befleißigen. Ich hatte damals nicht zu Unrecht auch einiges Interesse hinter diesem Rat vermutet. Die Juden selbst beobachteten mit Sorge eine sich verstärkende Verquickung von Deutsch- und Judentum. Sicherlich betrachteten sich viele Prager Juden als Deutsche, zumindest als Bildungsdeutsche. Sie wußten aber auch, daß sie sich gerade dadurch den Haß vieler national eingestellter Tschechen zugezogen hatten. Man mochte ihnen nicht verzeihen, daß sie auf der Seite der Herrschenden gestanden und die Germanisierungsbestrebungen der Habsburger Monarchie in Böhmen und Mähren unterstützt hatten, als die Tschechen aus der Position der Schwächeren heraus in ihrem Vaterland gekämpft hatten. Jetzt wollte man die Juden fühlen lassen, was man von ihnen halte.

Und ein Tscheche, der einen laut sprechenden Menschen, der als Jude erkennbar war oder von dem er einfach annehmen wollte, daß er ein Jude sei, auf der Straße antraf, mußte oder konnte gar nicht unterscheiden, ob dieser Mensch nun aus Frankfurt stammte oder recht gut hätte tschechisch sprechen können, wenn er gewollt hätte. Nicht zu Unrecht fürchteten die deutschsprachigen Prager Juden, ihre Glaubensgenossen aus Deutschland würden zur Stärkung eines immer latent vorhandenen Antisemitismus beitragen. Es gab allerdings auch noch andere, sich dem tschechischen Kulturkreis zugehörig fühlende Juden. Mein Cousin Friedl und meine Cousine Nana gehörten dazu. Sie waren von Anfang an in die tschechische Schule gegangen, Tschechisch war ihre Umgangssprache. Sie waren aufgewachsen in den Kategorien, die das Bewußtsein einer Nation ausmachen. Sie wußten Bescheid über alles, was diesem Volk in der Geschichte zugestoßen war. Deutsche Geschichte war die Geschichte des Nachbarn gewesen – relevant nur insoweit, als sie die Entwicklung des Tschechentums betroffen hatte oder gar mit der Geschichte der Länder der Böhmischen Krone identisch gewesen war. Deutsch war für sie die erste Fremdsprache, die sie hervorragend beherrschten, da sie sie von Haus aus kannten. – Aber sie sprachen sie eben so, wie man eine Fremdsprache spricht, mit einem etwas härteren Akzent. Und wenn sie unter sich waren, sprachen sie eben tschechisch.

Zu unserer Familie gehörte auch einer der bekanntesten tschechischen Juden oder nach eigenem Selbstverständnis jüdischen Tschechen, der Onkel meines Vaters, Dr. Edvard Lederer. Als Jurist gehörte er zu den bedeutendsten und renommiertesten Prager Rechtsanwälten. In seiner Jugend war er auch literarisch an die Öffentlichkeit getreten. Er stammte aus Südböhmen, also vom Lande, aus der Gegend von Horazd'ovice-Babín, und hatte sich nie anders als Tscheche gefühlt. Obwohl von seiten der patriotischen Tschechen dem Judentum oft unverhohlenes Mißtrauen wegen seiner offensichtlichen Affinität zum Deutschtum entgegenschlug, was eine Annäherung zwischen tschechisch fühlenden und denkenden Juden und den um ihre Befreiung streitenden militanten Tschechen nicht eben leichter machte, hatte sich Edvard Lederer nicht irre machen lassen.

24

Dr. Edvard Lederer

Die Sache der Tschechen war seine Sache geworden. Früh stieß er schon zu den Begründern der tschechischen nationalen Sokol-Bewegung, einer Turnerorganisation, die ähnliche Ziele verfolgte und auch ähnliche, nur mehr auf die weichere tschechische Mentalität abgestimmte Methoden anwandte wie einst der Turnvater Jahn im Streit um die Erhebung deutschen Volksbewußtseins auf ein politisches, das heißt nationales Niveau. Onkel Eda, wie man ihn respektvoll nannte, hatte auch den ehrwürdigen Präsidenten der Republik kennengelernt. Man wußte, daß er immer noch Kontakt mit dem Staatsoberhaupt pflegte, daß es aber in irgend einer Phase über irgend eine politische Frage ein Zerwürfnis gegeben haben mußte zwischen den beiden alten Herren. Als Masaryk dann im Jahre 1937 starb, verdeckte Onkel Eda das Bild des Präsidenten, das Masaryk ihm einmal mit Widmung geschenkt hatte, mit einem Trauerflor, den er nie wieder entfernte.

Ich habe Onkel Eda erst kennengelernt, als er ein hochbetagter Greis war. Er wohnte in Prag-Karolinenthal in einem Haus, dessen Parterre das Gasthaus „Zur Stadt Hamburg" einnahm. Als der Onkel und seine Frau Frieda uns kurz nach unserer Ankunft in Prag zum Mittagessen eingeladen hatten, zog sich mein Vater an wie zu einem Staatsbesuch, meine Mutter machte sich und uns fein, und dann fuhren wir mit der Straßenbahn Nr. 5 bis vor das Haus, in dem die Lederers wohnten. Ich weiß noch, wie wir vor dem Haus auf und ab gingen, um weder zu früh noch zu spät zu erscheinen. Wir müssen komisch ausgesehen haben – wie drei Küken hinter dem Hahn und der Henne, bis es auf der Turmuhr der gegenüberstehenden neugotischen Backsteinkirche zwölf Uhr schlug. Dann stiegen wir gemessenen Schrittes empor und klingelten an der Wohnungstür. Unser Vater stand, wie sich's gehörte, ganz vorn, hinter ihm stand unsere Mutter mit dem Adelchen an der Hand, dahinter ich und dann, als Schlußlicht, mein Bruder Alfred. Onkel Eda öffnete uns selbst. Es war ein schöner, weißhaariger Herr mit weißem, gepflegtem Schnurrbart. Seine braunen, lebendigen Augen ruhten einen Augenblick prüfend auf jedem von uns, dann hellte sich seine ehrerbietende Miene zu einem strahlenden Lächeln auf, er hob seine Hände und umarmte seinen Neffen, den Sohn seiner so früh verstorbenen Schwester Adele, mit einem herzlichen „Vítej, Vilousku", sei begrüßt, Willilein! So hatte ihn nämlich, als er noch ein Baby gewesen war, seine Mutter genannt. Und dann kamen wir an die Reihe ... Ich erinnere mich an eine große, wunderbar durchsichtige Wohnung, in der es viel Licht gab, eine Wohnung voll Harmonie und Geist.

Natürlich habe ich damals noch viel zu wenig gewußt über die Geschichte des Volkes, mit dem der Lebensweg von Onkel Eda verknüpft gewesen war, um alles zu versᵗehen, was er hier an Kostbarkeiten in Vitrinen und gerahmt an den Wänden aufbewahrt hatte. Alles das ist vernichtet worden, als ihn die Gestapo nach der Errichtung des Protektorats abholte und als er dann später ins Konzentrationslager Theresienstadt verschleppt wurde. Onkel Eda ist für uns Kinder immer eine Art ehrwürdiger Patriarch gewesen – aber ebenso für meinen Vater, der in ihm alles das sah, was ihm selbst zeitlebens gefehlt hat: zupackender Optimismus, skeptischer, mit einer wohltuenden Dosis von Idealismus vermenschlichter Skeptizismus und Realismus, die Fähigkeit, Gedanken in die Tat umzusetzen und darüber hinaus eine strenge Beherrschung des Körpers, die er sich als Sokol sein Leben lang bewahrt hatte. Ich erinnere mich, daß Onkel Eda, als er zum Beweis irgend einer These im Gespräch einmal ein Buch von ganz oben aus dem Bücherbord herunterholte, nicht etwa greisenhaft vom Stuhl wieder herunterkroch, sondern wie beim Abgang vom Hochreck herunter sprang, federnd auf seine Füße zu stehen kam und dann lächelnd das Buch öffnete. Übrigens verdanken wir der Intervention von Dr. Edvard Lederer, daß meinem Vater nach etwa einem Jahr wieder das Heimatrecht in der Hauptstadt Prag verliehen wurde und er damit in den tschechoslowakischen Staatsverband aufgenommen werden konnte.

Onkel Eda und seine Frau Frieda sind in Theresienstadt umgekommen.

Die Tschechojuden, wie sie sich selbst wohl nannten nach ihrer Vereinigung, die in der Gründungsphase der Tschechoslowakischen Republik durch ihr Mitwirken an der Ausarbeitung der Bürgerrechtspassagen in der neuen Staatsverfassung eine ganz erhebliche Rolle gespielt hatte, beobachteten mit noch größerer Sorge und mit ausgeprägtem Unwillen den Zustrom von Emigranten aus Deutschland in die Tschechoslowakei. Sie fürchteten um die Belastbarkeit des Verhältnisses zwischen Tschechen und Juden, das eben erst im Begriff war, sorgfältig austariert zu werden – außerdem empfanden sie durchaus tschechisch bei der negativen Beurteilung des deutschen menschlichen und kulturellen Transfers in die Tschechoslowakei. Es ist sicher: Auch hier lag die Solidarität mit den Verfolgten im Clinch mit dem Selbsterhaltungstrieb. Übrigens haben sich die tschechischen Juden in der skeptischen Beurteilung der Lage nicht geirrt. Die Zeit eines genuin tschechischen Antisemitismus, der zwischen München 1938 und der Errichtung des Protektorats 1939 wie ein faulender Bodensatz an die Oberfläche quoll, hat ihnen recht gegeben. Doch das half damals schon weder ihnen noch anderen.

Mein Vater selbst brachte mich zur Schule: Er sagte, das gehöre sich so. Um die Wahrheit zu sagen: Um unsere schulische Entwicklung hatte er sich bisher nie gekümmert. Alles, was mit unserer körperlichen und geistigen Ernährung zu tun hatte, war immer die Sache unserer Mutter gewesen. Wenn er von der Arbeit nach Hause gekommen war, hatte er uns zerstreut übers Haar gestrichen, als ob er sich hätte vergewissern wollen, daß wir noch alle da waren. Dann verschwand er in seinem Zimmer, um sich in seine Welt, die Welt der Literatur und Philosophie, zu versenken. Diesmal hatte er sich der Sache selbst angenommen – etwas derartig Außergewöhnliches, daß ich selbst ganz und gar in mir zusammenschrumpfte und noch kleiner wurde, als ich es auch sonst gewesen wäre. Wir gingen zu Fuß: durch die Marschall-Foch-Straße, die von den Deutschen in General-Schwerin-Straße, von den Tschechen nach 1945 in Generalissimus-Stalin-Straße umbenannt wurde (heute heißt sie offiziell Weinberger Straße, im Volksmund jedoch Straße der historischen Irrtümer), über den Wenzelsplatz bis zur Stephansgasse, in die wir links einbogen, am Hotel Alcron vorbei, um dann vor einem ehrwürdigen, streng aussehenden Gebäude stehenzubleiben: Es war das Stephansgymnasium.

Generationen von Deutschen und Tschechen, die gut die deutsche Sprache erlernen wollten, hatten an dieser den besten humanistischen Traditionen deutschen Geistes verpflichteten Bildungsanstalt studiert und mitbekommen, was man damals glaubte, jungen Menschen ins Leben mitgeben zu müssen.

Wir gingen in den ersten Stock, klopften an der Tür des Direktors an und wurden freundlich von einem streng aussehenden Herrn empfangen, dessen scharfe Augen hinter starken Brillengläsern funkelten. Es gab keine Probleme, in die Schule aufgenommen zu werden; anfangs empfand ich es wohl als ein wenig diskriminierend, daß ich eine Klasse wiederholen sollte, wo ich doch die Quarta in Deutschland schon einmal mit Erfolg hinter mich gebracht hatte. Der Irrtum klärte sich auf, als ich belehrt wurde, in Prag hieße die erste Klasse zurecht Prima, die zweite Sekunda, die dritte Tertia, und ich käme als richtig in die vierte, die Quarta. So kam es, daß ich drei Klassen zweimal absolviert habe, ohne ein einzigesmal sitzengeblieben zu sein. Ich habe vergessen, wie der Herr Direktor des Stephansgymnasium wirklich hieß: Man nannte ihn Jezek, das heißt Igel.

Den Namen hatte er bekommen wegen seines borstigen Haupthaars, das sich jedem entgegensträubte, der mit ihm je zu tun hatte. Die Schüler sprachen auch zu Hause über ihren obersten Chef als von Jezek – so kam es nicht selten vor, daß Eltern, die den Herrn Direktor besuchten, ihn mit Herrn Doktor Jezek ansprachen. Anfangs hatte es der hohe Herr noch für notwendig gehalten, gegen seine Umbenennung zu protestieren oder mild auf einen gravierenden Unterschied zwischen seinem geschriebenen Namen und der Aussprache desselben hinzuweisen. Im Laufe der Jahre war er in diesem Punkt abgestumpft und ließ also über sich ergehen, was ohnehin nicht zu ändern war: Er war nun einmal zum Jezek geworden.

Ich habe diesen vornehmen Mann in besonderer Erinnerung. Es gelang ihm, auf die feinste Weise Empfindlichkeiten zu respektieren, die in einem jungen Menschen um so lebendiger vorhanden sind, je mehr er das Gefühl hat, einer fremden, ihm unbekannten Welt ausgeliefert zu sein und außerdem weiß, daß es seinen Eltern nicht leicht gefallen sein kann, ihm den Luxus einer höheren Bildung weiter zu gewähren. Ich sollte noch anführen, daß jeder Schüler – auch jeder Erstkläßler – in dieser Schule mit Sie angesprochen wurde; wurde man einmal, wie durch Zufall, von einem Lehrer geduzt, kam dies einer unverdient hohen Auszeichnung gleich; man trug das einmal ausgesprochene Du wie einen Orden um den Hals. Damals machten sich die Lehrer noch nicht gemein mit ihren Schülern, indem sie sich mit einem Du zu ihnen herabließen, sondern versuchten, sie mit der Anrede für Erwachsene zu sich heraufzuheben. Der Direktor der Anstalt beaufsichtigte die sogenannte Schülerlade, d. h. jenen Fundus von Schulbüchern, den man zu Beginn eines jeden Schuljahres den bedürftigen Pennälern zur Verfügung stellte, d. h. lieh. War es schon nicht ganz einfach, das Jahr mit schon gebrauchten Büchern zu beginnen, da man sich schon dadurch von seinen begüterten Mitschülern abhob, die ja selbstverständlich in der Buchhandlung André ihre neuen Atlanten, Lexika und Lehrbücher hatten kaufen können, war es natürlich noch deprimierender, wenn die ausgeliehenen Bücher besonders abgenutzt waren. Ich erinnere mich, wie sorgfältig und fast unsichtbar der Jezek sich immer darum kümmerte, daß mir gute, fast frische Bücher zugeteilt wurden – und wenn mir die Rechnung mit der Leihgebühr vorgelegt werden sollte, fragte er mich ganz leise, daß es die anderen nicht hören konnten, zuerst, „ob es meinem Herrn Vater wohl schon gelungen sei, materiell Fuß zu fassen", womit er wissen wollte, ob der Herr Ingenieur Fuchs wohl noch arbeitslos sei, nicht aber so brutal danach fragen wollte. Wenn ich den Kopf schüttelte, nahm er die Rechnung einfach zurück und bat mich, weiter zu gehen. Dennoch herrschte in dieser Schule eine eiserne Disziplin; Ordnung wußte sich der „Jezek" schon zu verschaffen. Es ist mir nicht bewußt, daß in all den Jahren auch nur ein einziges Mal eine Unterrichtsstunde ausgefallen wäre, obwohl sicherlich auch am Stephansgymnasium Lehrer krank wurden: Wenn alle Stricke rissen, übernahm eben der Herr Direktor selbst den Unterricht.

Ich sagte, schon am ersten Tag unseres Aufenthalts in Prag sei unser Bewußtsein, Deutschland sei einfach in allem (außer Hitler) einsame Spitzenklasse, arg lädiert worden. Hier am deutschen Stephansgymnasium in Prag erhielt ich den zweiten Schlag auf den Solar plexus. Ich fand mich in einer Schule wieder, deren Niveau verglichen mit dem des Saarbrücker Hindenburggymnasiums etwa dem Vergleich zwischen Gaurisanker und Brocken ähneln mochte! In Saarbrücken war ich der Klassenprimus gewesen: Hier hatte ich Mühe, überhaupt zu verstehen, worüber die Herren hinter ihren Kathedern sprachen und was anscheinend den Schülern ganz geläufig war.

Daß man die Studienräte mit „Herr Professor" anredete (obwohl ihnen dieser Titel streng genommen nicht zustand, da er eigentlich den Lehrern an Universitäten und Hochschulen vorbehalten war), konnte mir noch ein wenig komisch vorkommen, daß man sich mit „bitte" zu Wort meldete und Antworten mit einem „bitte" einleitete, auch noch – nicht mehr erheiternd war, was nach diesem „bitte" zu folgen hatte. Nach progressiver Manier, um uns Kinderchen nicht mit großem Stoff zu erschrecken und uns das Fortschreiten vom Bekannten zum Unbekannten behutsam zu ermöglichen, hatten wir in Erdkunde mit unserem Stadtteil begonnen, waren fortgeschritten zu Saarbrücken und Umgebung, hatten dann unser Wissen ausgeweitet um das ganze Saargebiet und waren zur Zeit unserer Auswanderung 1935 gerade beim Regierungsbezirk Trier angekommen, bei der Mündung der Saar in die Mosel, bei den verschiedenen Maaren und ähnlich wichtigen Dingen. Die hier mußten an stummen Karten Asiens die Gebirgszüge des Himalaja auswendig benennen können, die Flüsse, Städte, Meeresbuchten kennen, mußten Bescheid wissen über Einwohnerzahlen und wirtschaftliche Bedingungen der einzelnen Länder.

Wo waren die Zeiten, da uns dem zarten Kindesalter angepaßte Texte ins Französische geführt hatten, Liedlein, wie „Frère Jacques, dormez Vous"

uns den Weg in die romantische Mentalität erleichtert hatten (ohne daß man uns übrigens in diesem speziellen Fall über den eigentlichen Sinn dieses, kindlicher Auffassungsfähigkeit keineswegs entsprechenden Textes aufklärte) – hier wurde ich im wahren Sinn des Wortes gleich von zwei Fremdsprachen erdrückt: vom Tschechischen und vom Latein. Natürlich konnte unser Tschechischprofessor nichts dafür, daß Tschechisch so schwer war – er hatte diese Sprache nicht erfunden, die sich durch sieben Fälle in der Deklination auszeichnet, eine Sprache, die verschiedene Deklinationen kennt je nach dem, ob es sich um männliche, weibliche oder sächliche Hauptwörter handelt, ob sie belebt oder unbelebt sind, ob sie auf einen weichen oder harten Konsonanten oder gar auf einen Vokal enden, eine Sprache, in der es sechs Konjugationsklassen gibt, eine Sprache, in der noch unterschieden wird, ob sich Dinge in der Mehrzahl oder als Paar vorfinden, eine Sprache, in der es ebenso viele Wörter gibt wie im Deutschen und außerdem Laute, die allein nachzumachen Zungenakrobatik verlangt. Mein Pech war, daß fast alle Mitschüler tschechisch konnten – entweder, weil sie überhaupt Tschechen waren oder weil sie als Prager Deutsche natürlich zeitlebens mit Tschechisch in Berührung gekommen waren. Und dann das Latein! Was uns per Latein vermittelt wurde, war ganz und gar unwichtig: Ob es um die Memoiren Caesars oder um die Gedichte des Horaz ging, ob um die prächtigen Erzählungen Ovids oder um den Liebesschmerz des Catullus – die Hauptsache, die Grammatik stimmte, die Syntax. Man lernte Lehrsätze auswendig, wie etwa (und das weiß ich heute noch!):
„Die -s, die -as, die -aus und -x,
-es inparisyllabis,
und -x, wovor ein Konsonant:
die werden weibliche genannt."
Jetzt wußten wir, was „weiblich" war – wenigstens in lateinischer Grammatik. Und weil man uns auf dem Sektor der Erkenntnis des Weiblichen nicht weiter kultiviert hatte, bemalten wir in unseren lateinischen Lehrbüchern die daselbst züchtig abgebildeten Venusstatuen und Darstellung der Aphrodite oder irgendwelcher Vestalinnen mit Schnur- und Schnauzbärten, verpaßten Caesar und Cato Brillen und Monokel und bekleideten Sokrates mit Tirolerhütchen. Das änderte nichts daran, daß wir Latein können mußten. Wenn ich stöhnte, weil mir der Berg unüberwindbar schien, lachten liebenswürdige Mitschüler, die eine „Hetz" mit dem Jungen aus tiefster reichsdeutscher Provinz hatten, ich sollte erst sehen,

wenn wir Griechisch bekämen: Dann erst würde ich mich nach dem ach so leichten Latein zurücksehnen. Oh, wie recht sie haben würden!

Hier rechneten sie nicht, wie wir einst an der fernen Saar, hier betrieb man Mathematik, lernte nicht nur Lehrsätze auswendig, sondern mußte jederzeit auch in der Lage sein, sie zu beweisen. Übrigens habe ich nie begriffen, warum sich die Mathematikprofessoren immer im Schweiße ihres Antlitzes bemühten, uns Sätze abzuleiten und zu beweisen: Ich für meine Person wäre gern bereit gewesen, ihnen aufs Wort zu glauben. In Saarbrücken waren wir erfolgreich bis zu den Brüchen vorgestoßen: Hier tummelten sich die Knaben und Mägdlein in Gefilden der Goniometrie, der Lösung von Gleichungen mit mehreren Unbekannten, der Findung von Quadratwurzeln. Heute kann das jedes Kind mit dem Taschenrechner: Was für ein Fortschritt war es für uns, als man uns in die Geheimnisse der logarithmischen Tafeln einwies – jetzt ging's wirklich leichter!

Stand ich in diesen Bereichen oft wie der sprichwörtliche Ochs vor dem Tor mit offenem Maul, zutiefst und verzweifelt davon überzeugt, daß ich diesen Berg von Wissen nie würde schaffen können, bewunderte ich aufrichtig, was man den Schülern beibrachte in Geschichte und Deutsch. Hier wenigstens hätte ich voraussetzen können, daß ich besser daran wäre als meine Schulkameraden. Denn „Geschichte": Das war damals auf diesen tschechoslowakischen Staatsrealgymnasium, das sich doch nur durch die Unterrichtssprache und die Definition der „ersten" Fremdsprache von tschechischsprachigen Anstalten unterschied, im wesentlichen die Geschichte des Heiligen Römischen Reichs, nachdem die Geschichte des klassischen Altertums absolviert worden war. Für mich war bislang Geschichte etwas Greifbares gewesen: Da hatte es die Burg des Franz von Sickingen gegeben, die meine kindliche Phantasie erregt hatte, die Burgen an Rhein und Mosel, die Gruft des „blinden Böhmenkönigs" bei Mettlach an der Saar, Worms und die Nibelungen, Hagen und das Rheingold – jetzt sublimierte Geschichte zu einem unendlichen, schwer greifbaren, komplizierten Gespinst, das aus Schlachten und Kaisern, Kriegszügen und Verwaltungsakten, aus Bullen und Edikten, aus Revolution und politischen Aktivitäten, aus Ehrgeiz und Ruhmsucht, aus Boshaftigkeit und Staatsraison gewebt war; ihre Meilensteine waren Jahreszahlen, die man hier einfach können mußte. Ach, du schlichtes Gemüt aus Saarbrücken: Und du hattest gedacht, in deutscher Geschichte besser dazustehen!

Deutsch lehrte Herr Professor Dr. Kampfe. Ein völkisch orientierter, aufrechter Mann, dessen vornehmste Zierde ein Vollbart war, den er, einem

Rübezahl gleich, wogend im Gesicht trug. Wieder gab es da einen Begriff, mit dem ich nichts anzufangen wußte: Was war ein völkisch orientierter Mann? Hätte man mir gesagt, es ginge um das Schicksal des Landes, das meine Heimat ist, hätte ich das begriffen, das kannte ich vom Westen her. Aber niemals hatte doch dort zur Debatte gestanden, ob ein Franzose ein Franzose oder ein Deutscher ein Deutscher sein oder bleiben solle und könne! Gerade zur richtigen Zeit waren wir in ein Land gekommen, das auf unseligste Weise Erbe der tödlichen Ingredienzen der alten kaiserlichen und königlichen österreichisch-ungarischen Doppelmonarchie geworden war: War der Donaustaat eben an der Unlösbarkeit des Zusammenlebens seiner Vielvölkergemeinschaft zugrunde gegangen, hatte die am 28. Oktober 1918 aus der Taufe gehobene Tschechoslowakei ebenfalls Tschechen und Slowaken, Deutsche und Polen, Ungarn, Juden und Ruthenen in ihren Grenzen zusammengefaßt.

Für die Tschechen war der neue Staat die Erfüllung eines nationalen Traums gewesen, die, wie sie sagten, die Wiedergutmachung der unseligen Schlacht am Weißen Berg von 1620, nach der sie ihre nationale Souveränität verloren hatten und an den Rand des kulturellen, wirtschaftlichen und politischen Lebens in ihrer eigenen Heimat verdrängt worden waren; für die Slowaken hatte die neue Tschechoslowakei wohl die Befreiung von ungarischer Herrschaft bedeutet, war aber gleichzeitig mit einer unübersehbaren Abhängigkeit von den stärkeren Tschechen erkauft worden – die aus Opportunität erdachte Theorie von der Existenz einer „tschechoslowakischen" Nation mit zwei Mundarten, dem Tschechischen und dem Slowakischen, hatte die Slowaken sogar des Anspruchs auf eigene nationale Identität beraubt.

Für die meisten Deutschen war der tschechoslowakische Staat das Produkt eines von den Deutschen verlorenen Krieges gewesen, ein Ergebnis der Friedensverträge von St. Germain und Trianon, in einigen unwesentlichen Punkten auch von Versailles. War das Deutschtum in der Habsburger Monarchie und in Böhmen, Mähren und Schlesien die herrschende Kraft gewesen, waren es im neuen Staat die Tschechen, die das Sagen hatten – auch in jenen Gebieten der ehemaligen Krone, die vorwiegend von Deutschen besiedelt waren. Und wie das so ist in der Geschichte: Selten bewahrt der Sieger in der Stunde des Sieges den Sinn für geschichtliche Proportionen und dafür, daß er in irgend einer nahen oder fernen Zukunft auch einmal wird gerade stehen müssen für das, was er in den Tagen berauschender Begeisterung den Besiegten angetan hat. Kaum daß der erste Präsident der Republik Thomas G. Masaryk nach seiner Rückkehr aus dem Exil im Jahre 1918 in Prag eingetroffen war, hatte er eine Vorstellung im Neuen Deutschen Theater besucht, wohl auch, um ein Zeichen zu setzen; weder von deutscher, noch von tschechischer Seite war dieses Zeichen verstanden worden. Selbst Masaryk hatte von den Deutschen als Kolonisten gesprochen, also als von Menschen, die erst später ins Königreich gerufen worden seien. Von deutscher Seite wurde dieser Satz als Beweis einer diskriminierenden Einschätzung ihrer wirklichen Rolle und ihrer wirklichen Bedeutung in der Geschichte der Länder der Wenzelskrone aufgefaßt. Ähnlich standen die Ungarn zur Tschechoslowakei: Für sie war und blieb die Slowakei das „Obere Land" – sie waren bis 1945 nicht bereit, auf das slowakische Landeswappen – das Doppelkreuz über den drei blauen Hügeln – in ihrem Staatswappen zu verzichten (es war für die Tschechen nicht uninteressant festzustellen, daß die Ungarn während ihres Aufstandes 1956 sofort das ihnen von der kommunistischen Regierung verpaßte Staatswappen entfernten und durch das alte, mit den slowakischen Emblemen versehene Staatswappen auf Flaggen und Uniformknöpfen der Honvéds ersetzten).

Es bedurfte nur der geringsten Erschütterung, um das labile Staatsgebilde in ärgste Bedrängnis geraten zu lassen. Solange die Erschütterungen von innen kamen, war es in der Macht der im Lande für die politischen Geschäfte Verantwortlichen, je nach ihrem guten Willen und ihrer Fähigkeit analytisch zu denken, die Dinge zu regeln – sobald sie von außen an den außenpolitisch weit schwächeren Staat, als es den Anschein haben mochte, herangetragen wurden, mußten sie zu einer Serie von Krisen führen, die schließlich die Existenz des Staates selbst bedrohten.

Unter diesen Bedingungen hatte eine völkisch-nationale Einstellung in intellektuellen Kreisen aller beteiligten Nationen einen rechten Sinn: Es galt, um die Herbeiführung einer Befriedigung derer zu streiten, die sich unterdrückt fühlten, mochte dieses Gefühl auch oft nur aus dem Bewußtsein der verloren gegangenen Vormacht herrühren; es galt, echte Ungerechtigkeiten und Diskriminierungen unmöglich zu machen; es galt, ein Gleichgewicht zu schaffen auf allen Ebenen des Zusammenlebens der Nationalitäten, aus denen sich eben der tschechoslowakische Staat zusammensetzte.

Und so konnte jemand ein sehr guter, national bewußter Deutscher sein – und trotzdem voll auf dem Boden der tschechoslowakischen Demokratie stehen. Gleichwohl konnte man als Deutscher auch das politische

Fernziel der Zerschlagung des tschechoslowakischen Staates für richtig halten. Es konnte nicht ausbleiben, daß es zu Konflikten zwischen beiden Konzepten kommen mußte, sobald Hitler die Bedeutung der sudetendeutschen Bewegung für seine Ziele erkannt hatte und entschlossen war, sie für diese Ziele auch zu nutzen. Standen trotz ernster nationaler Vorbehalte gegenüber dem tschechoslowakischen Staat deutsche Sozialdemokraten, Liberale und Kommunisten bis zuletzt loyal zum Staat ihrer Heimat, da sie sich bewußt waren, daß dieser Staat trotz aller Mängel noch immer himmelhoch über der braunen Barbarei des Nazistaats jenseits der Grenzen stand, wurde die Bewegung der rechtsnationalen, nationalsozialistisch inspirierten Sudetendeutschen doch zu einer immer ernsteren Bedrohung der tschechoslowakischen Republik. Sie sagten „Heimat" und wollten Hitler. Wir, die wir gerade den „Saar-kehr-heim"-Trubel nach der Volksabstimmung 1935 erlebt hatten, kamen gerade zurecht, um die sudetendeutsche „Heim-ins-Reich"-Bewegung zu erleben. Drei Jahre später war es dann soweit. Hitler hatte uns eingeholt.

Es kann unserem Deutsch-Professor Kampfe nicht leicht gefallen sein, sich zu entscheiden. Einerseits war er ein glühender Patriot, Deutscher mit jeder Faser seines Seins, ein mit seinem Volk verwurzelter Mann – andererseits war er ein wahrer Nachfahre des klassischen deutschen Humanismus, der Kantschen Aufklärung, des Lessingschen Emanzipationsgedankens und der Befreiung des Menschengeschlechts von Unterdrückung und Grausamkeit. Morgens pflegte er in den Baumgarten zu gehen, um den Lauten der erwachenden Vögel zu lauschen: Wenn er uns dann in der Klasse vorpfiff und vormachte, wie die kleinen Sänger aufgeregt auf ihren Zweigen gehüpft hättcn, während sie sich zum ersten Frühpfiff anschickten, konnten wir uns das Lachen kaum verkneifen, so komisch fanden wir den Mann mit dem Rübezahlbart, der sich in unseren Augen wie ein Kind benahm – dabei glaubte der Arme, es sei ihm nun endlich gelungen, uns zu Naturaposteln zu machen und uns die Liebe zur Naturforschung eingeimpft zu haben. Natürlich wußte Dr. Kampfe Bescheid, warum ich hier in seiner Klasse aufgetaucht war, natürlich wußte er auch, daß und warum wir Deutschland verlassen hatten. Dennoch zeichnete er mich bis zu den letzten Tagen der Republik durch eine besondere Hinwendung, Freundschaft und durch ein Vertrauen besonderer Art aus. Als er in den Münchner Tagen die Anstalt aufgrund einer Anordnung der nationalsozialistischen Führung in der Sudetendeutschen Partei verließ, um ins Sudetenland zurückzukehren, rief er mich zur Seite und bat mich, meinen Vater ganz besonders von ihm zu grüßen: Das, was er jetzt tun müsse, sei sicherlich nicht gegen ihn gerichtet, ich möge ihm das doch bitte ausrichten. Dann legte er mir die Hände auf die Schultern und sagte: „Willi, ich wünsche dir alles Gute, du wirst jetzt tapfer sein müssen" und ging weg.

Ich habe ihn nie wiedergesehen.

Auf der Höhe der sogenannten Sudetenkrise verschwanden nicht nur etliche Professoren aus dem Lehrerkollegium – es verschwanden auch viele meiner Mitschüler, die sich zu ihren Eltern ins Sudetenland oder zu Bekannten ins Reich begaben. Aus dem Reichsrundfunk erfuhr man, wie bestialisch die Tschechen hierzulande mit den Deutschen umgingen. Tatsache ist, daß sich besonders militante Deutsche einen Sport daraus gemacht hatten, die Tschechen durch das Tragen weißer Kniestrümpfe und Bundhosen zu reizen. Die Tschechen reagierten wie gewünscht und verprügelten dann die Bundhosenträger. Wie gerufen pflegte dann auch ein Photograph zur Stelle zu sein, wieder war ein neuer Inzident zu vermelden. Waren die in der Sudetendeutschen Partei Konrad Henleins organisierten Jungens bislang in einer der Hitlerjugend nachempfundenen Uniform in der Schule erschienen – und das mitten im fanatisierten tschechischen Prag –, wobei das Braunhemd durch ein graues Hemd ersetzt worden war, erschienen nunmehr die deutschen Schüler mit weißen Hemden und fast zivil gekleidet. Während die tschechoslowakische Regierung die Mobilisation ausrief und das Standrecht verkündete, war es ratsam, nicht allzu eifrig gegen den Staatsstachel zu löcken. Am 29. September 1938 war alles vorbei. In München hatten die vier entscheidenden Mächte – zwei davon die engsten Verbündeten und Schutzstaaten der Tschechoslowakei und einer von ihnen zumindesten ein Staat, für den tschechoslowakische Legionen im Ersten Weltkrieg tapfer gestritten hatten – des lieben Friedens willen den Staat vom 28. Oktober 1918 Hitler geopfert. Neben der Abtretung eines erheblichen Gebiets der Länder der Wenzelskrone an Deutschland hatte München auch zur Folge, daß den in der Rest-Tschecho-Slowakei verbliebenen Deutschen von nun an Sonderrechte einzuräumen waren, die ihnen fast schon einen exterritorialen Status verliehen.

Damals geschah es, daß die inzwischen aus ihren provisorischen Unterkünften wieder heimgekehrten Prager deutschen Schüler und jene Sudetendeutschen, die ihr Studium trotz der Gebietsveränderungen in Prag fortsetzen wollten, daran gingen, das Stephansgymnasium „judenrein" zu machen. Begonnen werden sollte mit einem Professor, der aus der uralten, berühmten und gelehrten Prager Familie der Lieben stammte. Der alte Lieben war schon immer als Koza Lieben bezeichnet worden. – Koza heißt tschechisch „Ziege", gemeint ist der Ziegenbart, den das Antlitz des Professors Dr. Lieben schmückte. Lieben war ein ganz und gar unscheinbares, schmächtiges Männchen, wenn er ging, flatterte er fast im Wind, so dünn und zerbrechlich war er. Offensichtlich hatte er Furcht, über die Straße zu gehen. – Wenn er um die Ecke biegen mußte, streckte er erst prüfend seine linkischen Hände um die Ecke, ob ihm niemand entgegen käme und – Gott behüte! – mit ihm zusammenstoßen könnte. Koza Lieben unterrichtete Griechisch. Im Unterschied zu seinem Lateinkollegen, der schlichten Gemüts war und es nie verstanden hatte, uns den Geist der Römer näherzubringen, also das, was jene einst durch ihre lateinische Sprache ausgedrückt hatten, war für Lieben die wunderbar wohlklingende Sprache der Griechen immer nur die Pforte zur griechischen Weisheit, zu jenem kalon k'agaton, dem Prinzip der Verknüpfung von Schönem und Gutem, gewesen. Seine Einführungen waren Einführungen in das Wesen der Demokratie, in das Wesen der Toleranz, der Menschlichkeit. Daß er dabei Bezüge herzustellen vermochte zwischen griechischer Philosophie und der realisierten Weisheit eines Thomas G. Masaryk, daß er also verstand, die Theorie von der Organisation der menschlichen Gesellschaft in die Praxis der bestehenden gesellschaftlichen Ordnung zu projizieren und dadurch auf uns Schüler in staatsbürgerlichem Sinn einzuwirken, war braun angehauchten Kollegen und Schülern aus den höheren Klassen sicherlich ein Dorn im Auge. Bleibt noch zu sagen, daß Koza Lieben nicht nur unansehnlich war – er war auch noch häßlich. Fast hätte man in ihm eine Karikatur des Moses Mendelssohn sehen können, ein Männchen mit großer, krummer Nase, eingefallenen Augen, herabhängenden Tränensäcken und tiefen Furchen im Gesicht, mit schütterem, gekraustem Haupthaar. Der Ärmste sah wirklich aus wie eine der gemeinen, heimtückischen Verunglimpfungen, wie man sie im „Stürmer" oder in den einschlägigen Zeitungen der tschechischen Faschisten um Radola Gajda, Jirí Stríbrný oder später Jan Rys abgedruckt finden konnte. In unserer Klasse hatten sich Jungen aus den oberen Klassen des Gymnasiums – aber vielleicht sogar auch einige, die überhaupt keine Schüler dieser Anstalt waren, wer hätte schon gewagt, sie danach zu fragen – breitgemacht; allen gemein war, daß sie in weißen Strümpfen, kurzen Uniformhosen, braunen Hemden, Armbinden, mit Koppel und Koppelschloß, auf dem das Hakenkreuz eingeprägt war, mit Schulterriemen und Uniformmützen erschienen waren. Die Mützen hatten sie vor sich auf die Schultische gelegt. Hinten bemerkte man auch Ältere: Sie trugen hohe schwarze Stiefel und Reithosen.

Man hätte die Spannung mit Händen greifen können; sie knisterte, als ob unser Klassenzimmer, alle Bänke, die Tür und das Katheder unter Strom stünden. Mit einigen Augenblicken Verspätung öffnete sich die Tür, und Koza Lieben, der kleine, furchtsame Koza Lieben, trat langsam ein, schritt zum Pult, legte das Lehrbuch, das er in den Händen getragen hatte, ab und erhob seinen Blick, den Blick eines gütigen, unendlich traurigen Weisen. Er sah uns an und ergriff das Wort, ganz leise. Schon die Tatsache, daß er es überhaupt gewagt hatte zu kommen, hatte die Herren Besucher verblüfft, daß er trotz ihrer Gegenwart den Mund überhaupt öffnete, hatte sie sprachlos gemacht. Sie hörten zu, um bei der ersten besten Gelegenheit dem Juden das Maul mit handfesten Argumenten zu stopfen, so, wie man es ihnen beigebracht hatte in den Stunden rassischer Ertüchtigung und völkischer Aufrüstung. „Wir haben uns", so sprach unser Lieben, „in der letzten Stunde mit einigen Ansichten Platos über die Seele auseinandergesetzt – wir wollen uns heute auf die Stelle vorbereiten, die vom Tode des Sokrates handelt. Zum Verständnis des Textes werden wir uns zuerst mit dem Inhalt vertraut machen."

Die Uniformierten schwiegen finster. Das hatten sie nicht erwartet. Sie hatten gemeint, der kleine, immer bebende Jude würde sie auffordern, das Zimmer zu verlassen – aber schließlich hinausprügeln könnten sie ihn ja noch immer, solle er also zuerst einmal zeigen, was er könne.

„Sokrates sprach: ‚Ein Mann braucht um seine Seele nicht besorgt sein, der nach Erkenntnis gestrebt und um die Seele nicht den fremden, sondern den ihr eingeborenen Schmuck getan hat: die Gerechtigkeit, die Besonnenheit, den Mut, die Freiheit und die Wahrheit, und also geschmückt auf seine Fahrt nach der Unterwelt wartet, um zu ziehen, wenn das Geschick ihn ruft …'

Da unterbrach ihn Kriton: ‚Doch sage, Sokrates, wie willst du, daß wir dich begraben?'

Sokrates antwortete: ‚Ganz wie ihr wollt, vorausgesetzt, daß ihr mich dann wirklich habt und ich euch nicht entwische, Kriton.'"

Zu uns gewandt, lächelte er dann leise: „„Ich kann diesen Kriton nicht davon überzeugen, daß ich, der Sokrates, der jetzt mit euch redet und euch alles Satz für Satz auseinandersetzt, daß ich kein anderer bin, denn

Kriton sieht in mir nur den Toten, und diesen Leichnam fragt er, wie er ihn begraben soll … Vergiß nicht, du guter Kriton!, wenn du dich jetzt nicht schön ausdrückst, so ist das nicht nur an und für sich schlecht, sondern es bleibt dann auch etwas Häßliches in der Seele. Beherrsche dich, Kriton, sage einfach, daß du meinen Leichnam begraben wirst, und begrabe ihn, so wie es dir am liebsten ist und du es für schicklich hältst."

In der Klasse war Totenstille eingetreten. Wir verstanden die Parabel, auch die Herren Besucher mit den Hakenkreuzkoppeln verstanden sie. Wer aber wollte hier schon ein Kriton sein, wer dem alten, kleinen, weisen Mann den tödlichen Tritt geben, den Schierlingsbecher reichen? Nein, noch hatten sie, die als Rabauken gekommen waren, anscheinend ihre Lektion nicht ganz gelernt, noch hatte ihr neuer Geist nicht alles aus ihnen austreiben können, was man ihnen beigebracht hatte, als gut noch gut und Recht noch Recht und anständig noch anständig waren.

Lieben sah sie an:

„Da kam der Henker, trat vor Sokrates, und redete ihn also an (zum besseren Verständnis, meine Herren: Im Text heißt es ‚Scherge der Elf‘, wir gestatten uns, dieses Wort mit dem bei uns gebräuchlichen Wort ‚Henker‘ zu übersetzen) – also, wie gesagt, der Henker redete Sokrates an wie folgt: ‚Die anderen machen mir Vorwürfe und fluchen mir, wenn ich sie auf Geheiß der Richter auffordere, das Gift zu trinken. Dich aber habe ich auch sonst als den edelsten und mildesten und besten Menschen kennengelernt von allen, die je hierher gekommen, und darum weiß ich auch jetzt, daß du mit den Richtern und nicht mit mir zürnen wirst, denn du siehst ein, was mich dazu zwingt. … Nun, du weißt, warum ich komme, heil dir, trage leicht, was sein muß.‘ Weinend kehrte der Mann um und ging weg."

Bei dem „Heil dir!" des Henkers zuckten die Besucher in Uniform zusammen, jetzt hätten sie aufstehen und den Juden verprügeln sollen, denn mit „Heil dir" sprachen sie sich untereinander an. Später wurde der Gruß zu „Sieg-Heil" umgeformt. Aber ist es von Vorteil, sich mit einem Henker zu identifizieren? – und außerdem: Der Jude hatte sich den Text ja nicht ausgedacht, es war Platos Text. Übrigens war die Geschichte spannend – man wollte wissen, wie nun alles weiter ging.

„Sokrates sah ihn an und rief: ‚Heil auch dir, Mensch! ich will es tun.‘ Und zu uns gewendet, fuhr er fort: ‚Wie zartfühlend ist doch dieser Mann! Er ist der geringste unter den Menschen, und doch wie edel von ihm, jetzt um mich zu weinen! Kriton, ich will ihm folgen, man soll das Gift hereinbringen, wenn es gerieben ist; sonst soll es der Mann gleich reiben.'"

„Gestatten Sie mir hier eine Anmerkung", sagte Koza Lieben und blickte uns an: „Sokrates redet hier den Henker mit dem Wort ‚Mensch' an; Sie verstehen, daß die Anrede unter diesen Umständen, schon im Schatten des Todes, die höchste Anrede, die höchste Auszeichnung ist, die Sokrates dem Schergen verleihen kann. Denn, in der Tat, was kann es Höheres geben als ein Mensch zu sein, was Edleres als menschlich zu sein."

„Edel", hatte Koza Lieben gesagt: Man verwandte damals noch so altmodische Worte – aber sie waren selbstverständlich für Menschen, die mit Goethe und Schiller und Lessing aufgewachsen waren, und außerdem sprach der alte Lehrer ja auch im Schatten des Todes.

„Kriton machte einem Knaben in der Nähe ein Zeichen, dieser ging hinaus und brachte nach kurzer Zeit den Mann mit, der Sokrates das Gift reichen sollte. Da Sokrates ihn sah, fragte er ihn: ‚Du verstehst dich darauf, Bester. Wie soll ich es machen?' ‚Nachdem du getrunken hast', antwortete dieser, ‚brauchst du nur auf und ab zu gehen, bis dir die Beine schwer werden, dann lege dich nieder! So wird es von selbst wirken.' Und damit hielt er ihm den Becher hin. Sokrates nahm diesen entgegen, ganz ruhig, ohne zu zittern, ohne die Farbe zu wechseln, ohne mit dem Gesicht zu zucken, er sah dem Manne, wie es seine Art war, fest ins Auge und sprach: ‚Was sagst du dazu, wenn ich von diesem Tranke jemand etwas weihte? Ist das erlaubt?' ‚Sokrates, wir reiben gerade so viel, als nach unserem Ermessen genügt', antwortete der Mann.

‚Ich verstehe, aber beten darf und muß ich wohl zu den Göttern, daß meine Reise dorthin mir Glück bringe. Und darum flehe ich auch zu ihnen, und ihr Wille geschehe.' Und damit setzte er den Becher an und trank das Gift ohne Mühe und heiter."

Hier unterbrach Professor Lieben seine Vorlesung, denn er fühlte, daß die Zeit abgelaufen war. „Es war nicht schwer, wie Sie sehen, den Philosophen Sokrates zu töten. Aber seine Gedanken hat niemand zu vernichten vermocht. Immer wieder hat die Macht in der Geschichte versucht, nicht nur den Körper, sondern auch den Geist zu töten – und nie ist ihr das für lange gelungen. Sie kann für eine gewisse Spanne triumphieren – aber am Ende wird der Geist siegen. Ich glaube, daß am Ende immer die Wahrheit siegen wird." „Die Wahrheit siegt" war der Wappenspruch der soeben untergegangenen tschechoslowakischen Republik gewesen. Damit beendete Koza Lieben, der furchtsame schmächtige Jude, seine Vorlesung. Und in diesem Augenblick geschah, was niemand hätte vorhersehen können: Die Schulklasse erhob sich vor ihm, der mehr Mut, mehr Standhaftigkeit, mehr Menschenwürde bewiesen hatte als alle seine Kollegen, als die Regierung des Landes, die vor dem Feind kapituliert hatte, als jene, die sich kaum einige Tage nach der Katastrophe schon Gedanken machten, wie sie sich im Interesse ihrer Karriere auf die neuen Verhältnisse einzustellen hätten. Und das begriffen auch die Kerle in den Reitstiefeln mit den grauen Hemden, sie erhoben sich schweigend und gingen hinter dem Juden Lieben hinaus.

Ich habe ihn niemals zuvor mit so erhobenem Haupt hinausgehen sehen. Er war unverwundbar, der Eugen Lieben und Sokrates waren eins geworden.

Dies ist die letzte Griechischstunde in meinem Leben gewesen. Eine nächste Stunde in diesem Fach und von diesem Lehrer hat es nicht mehr gegeben. Nein, man hat ihn an diesem Tage in Ruhe ziehen lassen; das Rollkommando hat an diesem Tage seine Hauptaufgabe nicht erfüllt. Es ließ dann seinen Haß und seine Wut an jüdischen Mitschülern aus: Sie wurden zusammengeschlagen und mit Fußtritten von Stockwerk nach Stockwerk über die große Treppe hinuntergestürzt.

Ich selbst bin dann einige Zeit später zum stellvertretenden Direktor der Anstalt gegangen (der Jezek war verschwunden, ob er sich als Deutscher ins Reich abgesetzt hat oder ob er als Jude seinen Laufpaß bekommen hat, weiß ich nicht, habe ich doch nie erfahren, ob er ein „richtiger" Deutscher oder „nur" ein jüdischer Deutscher gewesen ist) und habe ihn um die Ausstellung eines Abgangszeugnisses gebeten. Da er voraussetzte, daß ich selbstverständlich im Einvernehmen mit meinen Eltern handle, wurde mir das Zeugnis ausgestellt. In Wirklichkeit wußten meine Eltern überhaupt nichts von dem Schritt, den ich unternommen hatte. Irgendwie war mir bewußt geworden, daß ich das Stephansgymnasium nicht mehr wieder besuchen können würde – es war eine andere Schule geworden. Die vornehmen Bilder des Staatsgründers Masaryk, gestochen vom hervorragenden tschechischen Graphiker Svábinský, waren abgehängt worden, die jüdischen Lehrer verschwunden, meine jüdischen Schulfreunde hinausgeekelt, die anderen in Uniformen, die wir zu Genüge in unserer eigentlichen Heimat kennengelernt hatten und deretwegen wir – auch – weggegangen waren, nein, in dieser Schule hatte ich nichts mehr verloren. Ein bißchen weh tat's schon, als ich das Zeugnis in den Händen hielt: Zum erstenmal war meine Gesamtleistung „mit Auszeichnung" benotet worden!

Viel später, als die Juden schon Sterne tragen mußten, drängte es mich, meinen alten Lehrer zu besuchen. Ich wußte, er würde irgendwo im ehemaligen Judenviertel, in der Josephsstadt in der Nähe des Ziegenplatzes, wohnen. Da fand ich ihn denn auch, in einer kleinen, mit Büchern bis an die Decke vollgestopften Wohnung – Bücher lagen auf dem Boden, auf den Tischen, auf der Kommode, auf den Stühlen. Koza Lieben war furchtbar aufgeregt, als er mich erblickte, wie ich es denn wagen könnte, ihn zu besuchen, wo er doch – und zeigte dabei auf den gelben Davidstern, den er an seiner linken Brustseite angenäht hatte. Aber dann war er glücklich, daß sich ein einziger seiner Schüler erinnert hatte, mehr noch, daß dieser Schüler ihm auch noch sagte, er habe sich nicht nur griechische Vokabeln und griechische Grammatik gemerkt. Um die Wahrheit zu sagen: Natürlich hatte ich mir weder Grammatik noch Vokabeln gemerkt. Aber das andere, was uns der Lieben beigebracht hatte, das hatte ich nicht vergessen. Die Lehre von der Humanität, die zupackend sein muß, soll sie ihren Namen verdienen, die vorgelebte Tapferkeit, ohne die Worte Geschwätz bleiben. Oh ja, in meinem Leben habe ich oft die Lehren des alten Professors Lieben mit anderen, weiß Gott nicht immer humanen Ideologien überdeckt, habe geglaubt, mich von der Strenge und Klarheit des Auftrags, Mensch zu sein, lösen, entbinden zu können – im Interesse „höherer" Ideale, versteht sich, im Interesse einer „hellen Zukunft der ganzen Menschheit"; nach einer gewissen Zeit habe ich aber immer begriffen, daß ganz unten das als Grundlage ruhen muß, was uns der alte Koza Lieben beigebracht hat.

Sein Ende war wie sein ganzes Leben. Er beteiligte sich an einer Stiftung des Ältestenrats der Juden, dessen Mitglied er war. Plötzlich öffnete sich die Tür, und vier Herren in grauen Ledermänteln und mit Mützen, auf denen ein Totenkopf angebracht war, betraten den Saal. Alle Anwesenden sprangen auf, wie sich das gehörte bei so hohem, furchterregendem Besuch. „Sie sind gekommen, um Sie abzuholen, Herr Professor", flüsterten einige Juden aufgeregt, die in der Nähe des Dr. Eugen Lieben standen. „Kommen Sie, hier ist ein zweiter Ausgang, hier können Sie entkommen, wir werden Sie mit unseren Körpern decken." Doch der schmächtige Mann erhob sich in diesem Augenblick auf seine Zehenspitzen und rief, so laut er konnte: „Ich habe doch nichts zu verbergen – meine Herren, hier bin ich!"

Die Herren, die den Totenkopf an der Mütze trugen, in den grauen Mänteln und den Reitstiefeln nahmen den Professor Lieben in Empfang und führten ihn hinaus. Die Schergen hatten ihren Sokrates, Sokrates hatte seine Schergen gefunden.

Von da an wurde Eugen Lieben, genannt Koza Lieben, nie wieder gesehen.

44

Boten aus einem fernen Land

Morgens ging ich aus dem Hause, so als wenn ich zur Schule müßte: In Wirklichkeit war ich schon längst aus dem Stephansgymnasium ausgetreten. Und dachte nach, was ich jetzt tun sollte. Hier bleiben wollte ich nicht mehr: Hitler war schon allzu nahe herangerückt, und wie es aussah, würde er keine Ruhe geben, solange er nicht die ganze Tschechoslowakei verschluckt hätte. Das Land selbst schien einer Zerreißprobe entgegenzugehen, die es nicht überleben würde – jedenfalls nicht als der Staat, der er gewesen war, als wir ihn uns zum Zufluchtsort erkoren hatten. In Böhmen und Mähren, oder besser, was von beiden Länder der Wenzelskrone übriggeblieben war, benahmen sich die Nazis, als ob die „Tschechei", wie sie dieses Land zu bezeichnen beliebten, schon ihnen gehöre. Jeder Versuch der weiß Gott schon mehr als genug nach rechts abgedrifteten Prager Regierung, auf ihre Souveränität im eigenen Land zu pochen, wurde sofort von Hitler als Rückfall in den Beneschismus, also in eine reichsfeindliche Haltung, die man nicht durchgehen lassen würde, bezeichnet. Die Zeitungen berichteten, daß Berlin konsequent auf zwei Forderungen beharrte, die es als Grundbedingung für die Normalisierung des Verhältnisses zwischen Prag und der Reichsregierung darstellte. Die Tschechoslowakei hatte aktiv den Kampf gegen den Kommunismus und gegen das Judentum zu führen.

Die erste Forderung stieß in Prag auf keinen nennenswerten Widerstand: Lange genug hatte sich die Tschechoslowakei als Staat des cordon sanitaire, also eines Schutzwalls gegen die Sowjetunion, begriffen; das Bündnis, das man am Vorabend der Hitler-Aggression mit Moskau eingegangen war, war nur aus Furcht vor den Plänen des Reichs zustande gekommen. Schwerer taten sich die Tschechen mit dem Ansinnen, auch in ihrem Land eine „Lösung der Judenfrage" herbeizuführen. Die Judenfrage war für sie bizarrerweise etwas, wovon bislang nur die Deutschen profitiert hatten: Juden, die sich zum Deutschtum bekannt hatten, waren ihnen zuwider. So wäre man, sollte es hart auf hart kommen, bereit gewesen, dem deutschen Führer die deutschen Juden zu opfern – an den „eigenen", den tschechischen Juden konnte man nichts Unrechtes finden. Und als der Druck aus Berlin stärker wurde, tüftelten die Männer der II. Republik, allesamt vom rechtskonservativen Spektrum, ein Judengesetz aus, daß allen denen mit Deportation und Entzug der Bürgerrechte drohte, die später ins Land gekommen waren und die sich nicht zur tschechischen Nationalität bekannt hatten. Die Ereignisse im Frühling 1939 machten dann diese Konstruktion hinfällig: Uns war jedenfalls klar geworden, was in Zukunft zu erwarten war, auch wenn das Schlimmste, das heißt die endgültige Vernichtung der Tschechoslowakei, nicht eintreten würde. Mag sein, daß die Urheber der Judenregelung in der II. Republik zu retten trachteten, was zu retten war. Mag sein, daß sie es nicht so böse meinten, mag auch sein, daß sie sich nicht zur kannibalischen Grundeinstellung der Deutschen gegenüber den Juden als einem rassisch minderwertigen Haufen erniedrigen wollten, daß sie also die Judenfrage nicht als Rassenfrage behandelt sehen wollten: Tatsache ist, daß wir mit meinen Eltern auf alle Fälle unter die Räder gekommen wären. Nicht nur, daß wir als Emigranten, also „später", ins Land gekommen waren, nicht nur, daß mein Vater die reichsdeutsche Staatsangehörigkeit besessen hatte – er hatte sich auch noch in der letzten Volkszählung, an der er sich in seiner Heimat noch vor dem Ersten Weltkrieg beteiligt hatte, zur deutschen Muttersprache bekannt.

Ich wollte also weg; daß mein Vater versuchte, eine Stellung als Bauingenieur im Irak oder im Iran zu bekommen, sollte mich nicht hindern, selbst aktiv zu werden. Nun war es damals schon unendlich schwierig, von irgend einem Land der Welt aufgenommen zu werden. Sicherlich, die Schweiz, Großbritannien – auch Amerika – erteilten Einreisevisa, aber dazu mußte man entweder Verwandte, gute Bekannte oder wenigstens viel Geld haben. Ich hatte weder Verwandte in den Ländern meiner Sehnsucht, keine einflußreichen Bekannten und schon gar kein Geld.

Also verfiel ich mit meinem Freund Heinz Bermann, der mit seinen Eltern aus Hamburg oder aus Bremen nach Prag gekommen war, auf eine glorreiche Idee: Wir liehen uns auf dem Hauptpostamt von Prag in der Heinrichgasse die Telephonverzeichnisse von New York und suchten uns Adressen von Leuten aus, die Bermann oder Fuchs hießen, um sie um die Ausstellung eines Affidavits zu bitten. In einem Affidavit verpflichteten sich ein US-Bürger gegenüber der Einwanderungsbehörde, notfalls für den Unterhalt eines Immigranten aufzukommen. Unseren im besten Schulenglisch abgefaßten Schreiben fügten wir unsere Photographien bei: Jedenfalls was mich angeht, wundere ich mich nicht, daß wir keine Antwort erhielten. Photogen bin ich nie gewesen: Ich hatte damals ein nückliges Gesicht, Sommersprossen, kecke Augen und, wie mir schien, abstehende Ohren. Zum Ohrfeigen vielleicht gut, für ein Affidavit nicht.

Jedenfalls erhielten wir nur zwei Antworten. Mir schrieb eine Frau Fuchs, sie selbst sei unbemittelt, ansonsten hätte sie mir gern geholfen – dem Heinz Bermann antwortete ein Mann gleichen Namens, daß er von sich hören ließe, was er aber nicht tat.

Da fiel uns ein, daß in der Rubeš-Gasse in der Nähe des National-museums eine Institution ein Büro eröffnet hatte, die „Committee for Children" hieß und die sich bemühte, bedrohte Kinder ins Ausland zu vermitteln. Ich überzeugte meine Eltern, die damals verzweifeln mochten über der Ausweglosigkeit unserer Situation, daß es richtig sei, uns alle drei dort anzumelden: mein kleines Schwesterchen Adele, meinen Bruder Alfred und mich. Richtig wurden wir dort auch registriert. Wer hätte gedacht, daß nach Monaten – kurz vor dem Ausbruch des Zweiten Welt-krieges – ein Brief bei uns eintreffen würde, in dem uns mitgeteilt wur-de, daß unser Adelchen mit einem Kindertransport nach Großbritannien verschickt würde!

Die Entscheidung, vor die unsere Eltern jetzt gestellt waren, war unend-lich schwer. Sollten sie dagegen sein – und alles in unserer Mutter schrie danach, das Kind in ihren Armen zu halten, komme was wolle –, dann trugen sie aber auch die Verantwortung dafür, daß die Kleine mit uns untergehen würde; sollten sie für Verschickung sein, überantworteten sie das Kind einem Schicksal, auf das sie keinen Einfluß mehr haben würden. Ich bin sicher: Hätten sie geahnt, daß der Krieg vor der Tür stand, hätten sie die Gelegenheit für meine Schwester vorübergehen lassen – aber hätten sie auch geahnt, wie grausam die Nazis uns gegenüber vorgehen würden, hätten sie damals weniger gezweifelt. Natürlich kannte man die Drohungen Hitlers – aber es mußte erst bewiesen werden, daß eine Reichsregierung Recht und Gesetz aus Prinzip mit Füßen treten würde, es mußte erst vorexerziert werden, daß eine führende Kulturnation auf die Stufe der Barbarei heruntersinken würde. Ich erinnere mich an die Zwei-fel, die Tränen, die Verzweiflung. Denn wie man auch entscheiden würde: Jede Entscheidung war von Übel. Und dann entschieden wir uns – für den Transport. Vielleicht kämen wir, Alfred und ich, der Kleinen ja bald nach und könnten uns um sie kümmern.

Der Nachtschnellzug ging vom Wilsonbahnhof ab. Abends, beim Abschiedsessen zu Hause, sang die Kleine noch ein Lied, das sie in der tschechischen Volksschule gelernt hatte. Es hieß: „Rožňovské hodiny …" und handelt von einem Abschied für immer. Und sie sang es mit einer Stimme, die war wie eine Glocke, und wir saßen um unseren Liebling und

Adele Fuchs, 1939

schauten die Kleine an und sahen sie nicht vor lauter Tränen. Sie begriff gar nichts, sie war nur schon ein bißchen müde.

Und dann brachten wir sie zum Bahnhof; man gab ihr ein großes Schild um den Hals, auf dem stand eine Zahl und ihr Name. Sonst nichts. Von diesem Augenblick an war sie ja auch nichts mehr als eine Nummer und ein Name, ein Name unter vielen Hunderten Kindern, die von ihren Eltern hierher gebracht worden waren. Wir schafften ihren Koffer ins Abteil und warteten. Oh Gott, war das Warten schwer. Wäre der Zug doch schon weg – oder nein, würde er doch lieber gar nie abfahren! Das Adelchen konnte kaum aus dem Fenster gucken, so klein war sie noch, sie winkte nur müde mit den Händchen. Und dann – ein Pfiff, vier Minuten nach Mitternacht fuhr der Zug ab. Wir rannten noch ein Weilchen neben dem Wagen her, in dem die Kleine, unser Seelchen, stand, dann fuhr der Zug immer schneller, wir blickten ihm nach, wie er im Tunnel verschwand – und plötzlich war alles so schrecklich leer um uns. Meine Mutter weinte ganz laut, sie konnte nicht anders – aber die anderen Frauen und Männer weinten auch. Dann mußten wir meine Mutter stützen, weil sie nicht mehr weitergehen konnte.

Noch dreimal würde meine Mutter, die nichts als Mutter war, dasselbe durchmachen müssen: wenn sie ihr ihren ältesten Sohn wegnehmen würden, wenn ihr zweiter Sohn ins Lager kommen würde und wenn ihr Mann, mein so unglücklicher Vater, zum Transport in den Osten befohlen würde. Hätte sie das gewußt – ich glaube, wir hätten nicht mehr leben gemocht.

Wie wir nach Hause gekommen sind in jener Nacht, weiß ich nicht mehr. Sicher weiß ich, daß die Wunde, die meine Mutter in der Stunde des Abschieds von ihrem Seelchen erlitten hat, nie geheilt ist; sie hat unter der Entscheidung von damals bis an ihr Lebensende gelitten. Denn eine Mutter stirbt lieber mit ihrem Kind als daß sie es weggäbe.

Zu Hause fand sich ein Abdruck einer kleinen Kinderhand auf dem Küchenfenster. Adele hatte da einmal gespielt und sich mit ihrem Händchen angelehnt. Niemandem wäre eingefallen, das letzte, was noch von der Kleinen übriggeblieben war, abzuwischen. Bis einmal meine Mutter erkrankte und eine liebe Nachbarin kam, ihr beizustehen. Die wußte nichts von unserem kleinen Fetisch, nahm ein Fensterleder und machte sauber, was ihr als Schmutzfleck erschienen war.

Doch damals, als wir mit dem Heinz Bermann ein Fluchtloch suchten, war dies alles erst ferne Zukunft.

Wenn uns die Amerikaner und Engländer schon nicht hereinlassen wollten: Sollten wir es nicht in Kanada, in Australien, auf Neuseeland versuchen? Doch dazu mußte man einen Beruf haben – am besten man war Landwirt. Also huschten wir zum Arbeitsamt, wo wir uns registrieren ließen. Zu meiner Überraschung gab es dabei auch noch Geld: Da man mich als Arbeitslosen erfaßt hatte, bekam ich zum ersten und einzigen Mal in meinem Leben Arbeitslosenunterstützung: ganze 10,– Kronen. Als ich das nächste Mal, nach einer Woche, erschien, teilte mir der Beamte freundlich mit, er hätte etwas für mich: Es gäbe da eine Arbeit in Borohrádek, einem Dorf zwischen Königgrätz und Pardubitz – antreten könnte ich sofort.

Jetzt ließ sich nicht mehr verbergen, daß ich längst kein Gymnasiast mehr war. Ich beichtete zu Hause, was ich bisher alles unternommen hatte, stieß aber zu meiner Freude auf Verständnis und, wie ich meine, etwas Erleichterung. Wenn der Junge ein praktisches Handwerk erlerne, könne er sich schließlich besser durchs Leben schlagen als einer, der nur denken und reden, im besten Falle schreiben kann.

So packte ich meinen Koffer und zog aus – in die nahe Fremde. Von Heinz Bermann verabschiedete ich mich besonders: Es sollte über fünf Jahre dauern, ehe ich ihn wiedersehen würde. Er wurde nämlich auch von einem kinderlosen Ehepaar in England ausgesucht und kam mit einem Kindertransport des Committee for Children ins Ausland.

An einem sonnigen Junitage 1945 klingelte es an unserer Wohnung. Vor der Tür stand ein großer, kräftiger, mit einem Schnauzbart ausgestatteter englischer Flieger. Er lachte übers ganze Gesicht, seine Orden klimperten, als er auf meine Mutter zuging und sie umarmte. Sie wußte, daß es nur der junge Heinz Bermann sein konnte, aber der hier sah ja aus wie der alte, wie sein eigener Vater, er hatte dieselbe Stimme, dasselbe offene Gesicht, dieselbe Miene, dieselben Bewegungen – aber es konnte der alte Herr Bermann doch nicht sein, denn der alte Herr Bermann und die Frau Bermann waren ja, mein Gott, sie konnten es nicht sein!

Meine Mutter wich vor Heinz zurück wie vor einem Phantom. Inzwischen hatte Heinz, denn er war es wirklich, einen großen Koffer von draußen hereingeangelt und fing an, Geschenke auszupacken. Meiner Mutter gab er ein schönes blaues Tuch. „Hier Mamma", sagte er, „das habe ich für dich mitgebracht. Aber sag' mir, wo sind meine Eltern? Ich war eben in unserer Wohnung in der Mánesgasse – und da kennt sie niemand."

Meine Mutter nahm ihn bei der Hand und sagte: „Heinz, ich muß dir etwas sagen …" Sie sagte es stockend, denn wie sagt man einem jungen, strahlenden Mann, der fünf lange Jahre in der Sehnsucht nach zwei Menschen gelebt hat, die für ihn Heimat und Geborgenheit und Frieden bedeuten, daß er keine Eltern mehr hat, daß sie ermordet, erstickt worden sind, niemand weiß wo?

„Sind sie tot, Mamma", fragte er tonlos. Und sie nickte. Dann stand der Sergeant der Royal Air Force Heinz Bermann auf, sagte, „das in dem Koffer gehört jetzt also alles euch", öffnete die Wohnungstür und verschwand. Es war damals, ich sagte es bereits, ein sonniger Junitag. Die Leute auf der Straße lachten, denn warum hätten sie nicht fröhlich sein sollen an solch einem schönen Tag. Daß da einer ging, dem in der schwarzen Sonne fröstelte, wußten sie nicht.

Ich hätte Heinz Bermann gern wiedergesehen – er ist verschwunden. Wahrscheinlich ist er nach England zurückgekehrt.

Mit einem mächtigen, befriedigten Stöhnen und einer alles einhüllenden Dampfwolke zeigte die Lokomotive des Bummelzuges an, daß sie den Weg durch Schnee und Eis von Pardubitz nach Borohrádek geschafft hatte; jetzt stand sie da, atmete zufrieden und ließ in regelmäßigen Intervallen mit leisem Dröhnen Dampf ab, es klang, als ob ein Druckhammer langsam auf eine elastisch-metallene Unterlage herunterzischte. Die Eisenbahner in ihren schweren schwarzen Mänteln und Fellmützen klopften die Räder der Wagen ab; ich stand zwischen Bäuerinnen, die vom Pardubitzer Markt heimgekehrt waren, Handelsreisenden, Schuljungen und einigen undefinierbaren Reisenden auf dem Bahnsteig und sah mich neugierig um. Hier also sollte ich meine nächsten Lebensjahre verbringen, auf eigene Füße gestellt sozusagen. Die Luft klirrte vor Kälte, man hätte sich am liebsten selbst ins Gesicht gepustet, um den kneifenden Frost zu vertreiben.

Es war nicht weit vom Bahnhof zum Gut, wo ich arbeiten sollte; man ging durch die Dorfstraße vorbei an schneeverwehten Bauernhäusern, über eine Brücke, auf der die Statue des Heiligen Nepomuk stand – die Leute, die am Standbild des Heiligen vorübergingen, lüfteten ihren Hut oder zogen die Mütze. Ich tat es nicht, noch nicht, weil ich ja evangelisch erzogen worden war und man uns beigebracht hatte, genau zwischen Religion und Götzendienst zu unterscheiden. Ich gestehe, daß meine Erziehung in dieser Richtung wohl nicht tief genug gegangen sein mag. Je länger ich später unter den Leuten hier lebte und je näher ich die Selbstverständlichkeit beobachtete, mit der sie Natur und Glauben, Religion und Tagesgeschehen, Aberglauben und Gottesfurcht zu verknüpfen verstanden, um so mehr wurde ich von dieser undifferenzierten Weltansicht in den Bann gezogen. Ja, warum sollte man nicht die Mütze ziehen vor dem Standbild eines, der einst lieber den Tod erleiden mochte, als ein Beichtgeheimnis preiszugeben, sei es auch auf königlichen Befehl, daß sich die Jesuiten den Hl. Johann von Nepomuk nach der Schlacht vom Weißen Berg im edlen Bemühen um eine effektivere Rekatholisierung der böhmischen Ketzerlande aus dessen nassem Grab am Boden der Moldau an Land gezogen hatten, um den für die nationalen tschechischen Zwecke allzu brauchbaren Przemyslidenfürst, den Hl. Wenzel, aus dem Bewußtsein des Volkes zu verdrängen: Wen störte das! Und so kam es, daß ich, wenn ich später, auf dem Mistwagen sitzend, an der Statue des Heiligen von Nepomuk vorbeizottelte, zuerst verschämt – und dann doch mit dem Gefühl einer gewissen inneren Befriedigung – dem Heiligen meine Ehrerbietung erwies.

Hinter dem Dorf ging es durch eine riesige – so schien mir das damals – Allee zum Gutsherrenhof; daneben waren die Wohnräume für das Gesinde und die Stallungen für das Vieh. Darüber, was zu geschehen habe, entschied der Herr Adjunkt, Herr Josef Roth. Später erkannte ich, daß Herr Roth nicht eben viel mehr von der Landwirtschaft verstand als ich – aber da er an leitender Position stand, merkte man das eben später als bei den Kleinen. Das habe ich im Leben übrigens später oft bemerkt, daß es manchmal Jahre dauert, ehe man feststellt, daß ein Direktor oder ein Minister eine Niete ist – man jedoch sehr schnell feststellt, ob ein Postbeamter in einem kleinen Postamt seine Vorschriften kennt oder nicht, ob er sich zu seiner Funktion eignet oder nicht.

Zum erstenmal im Leben bemerkte ich, daß Brot und Sich-satt-Essen nicht selbstverständlich sind, daß beides erarbeitet sein will. Und dann erfuhr ich, daß es einen Kausalzusammenhang gibt zwischen der Menge der Arbeit, die man leistet, und der Menge des Brotes, das man dafür bekommt. Und drittens schließlich stellte ich fest, daß die Verbindung zwischen Arbeit und Brot nicht unmittelbar ist, sondern über einen Menschen oder eine Institution geht, die Arbeitgeber heißt. Und daß es sehr wohl von den persönlichen Eigenschaften dieses Menschen oder des Menschen, der die Institution darstellt, abhängt, in welches Verhältnis die Menge der geleisteten Arbeit zur Menge des zur Verfügung gestellten

52

Brotes gesetzt wird. Da gab es einen alten Mann, dessen Funktion ich nie richtig begriff (im Unterschied zu ihm, der sie sehr wohl begriff), der uns das Brot aufs Feld brachte. Manchesmal war es schon mit Margarine oder Schmalzgrieben bestrichen. Er pflegte das Brot aus dem Korb zu holen, es uns zu zeigen und zu fragen, ob wir zufrieden seien mit der Dicke des Aufstrichs. Wenn wir meinten, er könnte wohl etwas dicker sein, drückte er die Brotrinden zusammen, daß das Fett aus den Löchern der Krume quoll: Sei dies nicht etwa reichlich beschmiert? Dann nahm er ein großes Messer aus der Tasche, strich das hervorgetretene Schmalz als offensichtlich überflüssig ab und hatte so Rohmaterial zum Bestreichen einer weiteren Brotschnitte gespart. Oder da gab es eine alte Vettel, die eine Art Auflauf aus altem Brot in der Röhre herstellte. Zur Hebung des Geschmacks sammelte sie selbst Wildkümmel auf der Wiese. Hätte sie ihn doch nur in eine Tüte getan – aber nein, sie sammelte das Gewürz in ihre blaue, vor Schmutz starrende Schürze, in die sie sich auch noch zu schneuzen pflegte! Dann wieder gab es eine liebenswürdige Köchin, die ewig Krach mit der Haushälterin hatte, weil sie angeblich in die hungrigen Mäuler zu viel Nahrung stopfte.

Zum erstenmal traf ich hier auf ein Phänomen, das man Geiz nennt. Und stellte fest, wie tief diese miserable Eigenschaft in vielen Menschen sitzt – nur daß sie Leute, die eine höhere gesellschaftliche Stellung einnehmen und wohl auch gebildeter sind, nicht so deutlich zeigen wie Menschen, für die der Geiz eine lebenserhaltende Funktion hat. Ärzte, deren Praxen zum Erbarmen aussehen, Satte, die stolz die Erkenntnis verkünden, Brotpakete verdürben nur den Charakter der Hungrigen, Unternehmer, für die die Welt unterzugehen droht, wenn der Lohn um einen Heller aufgestockt werden soll, Arbeiter, die nur das halbe Mittagessen herunterschlingen, um das Abendbrot zu sparen, Weltreisende, die mit einem Kind, das nur aus Haut und Knochen besteht, in Indien um eine Viertel Rupie streiten – Geiz hat bemerkenswert viele Facetten und tritt unter bemerkenswert vielen Formen auf. Hier gab es einen pensionierten Major der Kavallerie, der davon besessen war, jeden gefundenen krummen, rostigen Nagel geradezuklopfen und ihn seiner unabsehbaren Sammlung geradegeklopfter Nägel einzuverleiben. Er hielt es geradezu für eine Sünde, irgendwo einen Nagel unbeachtet liegen zu lassen.

Aber so widerlich einem Geiz bei anderen vorkommen mag, so wenig immun ist man selbst gegenüber der Gefahr, mit ihm angesteckt zu werden. Jedenfalls was Nägel angeht, hat mich der Herr Major fürs ganze

Leben verdorben: Auch ich sammle seither schrecklich gern Schrauben, Nägel, Muttern – alles, was man so auf der Straße oder im Hafen finden kann.

Da alles verschneit war, wurde ich zuerst den Maurern zugeteilt. Die bauten zu dieser Zeit natürlich nicht, sondern beschäftigten sich mit dem Abreißen eines alten Gemäuers, aus dem Ziegel zum späteren Aufbau eines Stalles gewonnen werden sollten.

Ich hatte nun die Ziegel aus den Brocken herauszubrechen und sie vom Mörtel zu befreien. Du mein Gott, wie habe ich damals oft mein Los verflucht, wenn mir das Blut aus den abgeschabten Fingerkuppen floß und ich den Topf mit dem heißen Teewasser vor Schmerzen nicht mehr halten konnte! Die Männer lachten nur: „Eh' du heiratest, ist alles längst verheilt", und wenn ich mir mit dem Hammer auf den Fingernagel haute, trösteten sie mich: „Das ungeschickte Fleisch muß weg!" Daß man zu harten, gelben Schwielen nur über abgerissene Blasen kommt, habe ich dort auch gelernt.

Als die ersten Stürme über das Land gegangen waren und sich zwischen den Schneefetzen schwarze Wasserpfützen auftaten, wurden wir aufs Feld geschickt, Pferde- und Kuhmist über die ganze Fläche regelmäßig zu verteilen. Wenn ich heute nostalgisches Geschwätz höre, mit dem sich solch ein alternativer Städter nach der guten, lieben, beschaulichen, romantischen Zeit von damals zurücksehnt, nach dem malerischen Bauern hinter dem Pflug, der herrlichen Naturdüngung, der friedlichen Langsamkeit des Lebens auf dem Dorf, der Unmittelbarkeit von Natur und Mensch, dann weiß ich, daß der mit einer Fahne der Progressivität drapierte Rückwärtsfanatiker im Leben noch nie eine Mistgabel in der Hand gehabt hat, es sei, er habe einmal eine halbe Stunde während seiner „Ferien auf dem Bauernhof" die Lümmelei zwischen Frühstücksei und Picknick im Walde unterbrochen, um ein bißchen auch Hand mit anzulegen. Noch nie hat er um sieben Uhr morgens, nachdem er schon die Rinder im Stall versorgt hat, auf einem riesigen, halb mit Schnee bedeckten Feld gestanden, auf dem jeder Schritt zur Qual wird, weil der schwere Boden an den Schuhsohlen klebt wie grausames Pech, noch nie hat sein verzweifelter Blick gesehen, wie sich eine Kuppe verfilzten, dampfenden Mistes neben der anderen türmt, so weit der Blick reicht, noch nie hat er aus diesen Haufen einzelne Brocken gezerrt, herausgestemmt, von Meter zu Meter geschleppt, noch nie, ehe die rote Sonnenscheibe am Horizont erst aufgegangen ist, schon totmüde die Stunden gezählt, die noch vergehen würden, ehe man sich nach Hause zurückschleppen könnte – etwa in einem Drittel des Feldes angekommen und mit der Aussicht, morgen ein weiteres Drittel in Angriff nehmen zu müssen – und so immer weiter, immer weiter.

Als der Herr Adjunkt Roth die Ahorne der großen Allee zum Herrenhaus so beschneiden ließ, daß nur noch die Stämme mit lächerlichen knollenartigen Restkronen übrigblieben, wurde er hinausgeworfen – eine Maßnahme, die sich später als unberechtigt herausstellte, denn nach kaum einem Jahr hatten sich die alten Bäume wieder eine wunderschöne Krone zugelegt.

Dann wurde ich dem Gärtner, einem liebenswürdigen, alten Mann, zugeteilt. Es war rührend, mit welch pfleglicher Hand der Mann seine Pflanzen behandelte, als ob es lebendige Wesen seien, wie er sie begoß, sich alles merkte, hier ein winziges Unkraut herauszupfte, dort etwas Erde nachhäufelte – und immer lächelnd, heiter, als ob er als Philosoph gerade etwas entdeckt hätte, was ihm Sicherheit und seelischen Frieden bewahren würde. Seither haben Gärtner für mich etwas Geistliches an sich: Sie sind in ihrem Bereich Schöpfer, sie bringen neue Dinge zur Welt, sehen vor ihrem geistigen Auge, was sein wird in Monaten, wenn sie heute säen, die kleinen Pflänzchen einzeln versetzen, eintopfen, sie schaffen eine neue Wirklichkeit nach einem Plan, der nur in ihnen ist.

Daß diese Wirklichkeit noch eine ästhetische Komponente hat, daß Gärtner also nicht nur Dinge hervorbringen, sondern noch dazu schöne Dinge, macht sie um so liebenswerter.

Mein alter Gärtner war ein weiser Mann; wenn ich damals doch recht unglücklich war, half er mir, so gut es ging. Von ihm lernte ich, daß nicht jede Arbeit den Menschen über andere Lebewesen erhebt, sondern nur Arbeit, die etwas mit Erschaffen, mit Schöpfen zu tun hat, daß Arbeit ohne Liebe zu dem, was ihr Ergebnis ist, nicht glücklich macht. „Siehst du, so einfach ist das", sagte er mit einem leichten, gütigen Lächeln in seinem faltigen Gesicht.

Das Gebäude, das wir auseinandergenommen hatten, als ich hier angefangen hatte, gehörte zu einem Komplex, der einst einem Augenarzt gehört hatte. Der war schon vor meiner Ankunft verstorben, und da er keine Hinterbliebenen hatte, verrotte alles, was er hinterlassen hatte, vor sich hin. Das Gebäude und der verwilderte Garten wurden zu unserem Gut geschlagen – deshalb konnten wir auch die alten Gemäuer zertrümmern; das Wohnhaus und die Praxis des Arztes moderten vor sich hin. Ich wußte, wie man hineinkommen konnte; abends saß ich da wohl stundenlang unter dicken Folianten aus der zweiten Hälfte des vergangenen Jahrhunderts und studierte Pharmakologie und Histologie, Anatomie und Chirurgie. Ich schrieb damals ganze Bücher sorgfältig in kleine Heftchen ab – so sehr glaubte ich doch in tiefer Seele, daß dieser Aufenthalt hier doch nur eine Zwischenstation, etwas zeitlich Begrenztes, sein würde, daß die Rückkehr von zeitweiliger Unnormalität zur dauerhaften Normalität nur die Frage einer absehbaren Zeit sei. Ich wollte zurückkehren, ohne viel „verpaßt" zu haben. Wenn ich heute bedenke, welche Schätze damals verkamen: uralte Instrumente, ganze Sammlungen von Kupferstichen und ersten Daguerreotypien, von alten englischen Zeitschriften mit wunderbaren Bildern, medizinische Einrichtungen und angesammelte Erinnerungsstücke!

Man munkelte im Dorf, der alte Doktor sei kokainsüchtig gewesen – von dem weißen Stoff fand ich allerdings genug in den Glasvitrinen, die in der Praxis übriggeblieben waren. Es zog mich magisch an, den Stoff zu probieren – und da ich fühlte, daß ich irgendwann einmal der Lockung nicht würde widerstehen können, warf ich die Fläschchen eines Abends in den Fischteich.

Ich weiß nicht, woher es kommt, daß mir in meinem Leben immer wieder Menschen aufgefallen sind, von denen es sich später herausstellte, daß sie Juden waren. Juden, das waren bisher für mich Leute gewesen, deren Religion sich von unserer unterschied, wiewohl es doch sicher schien, daß unser Jesus aus den Juden hervorgegangen war, daß also das Alte und das Neue Testament zusammengehörten und eine Einheit darstellten. Zu Hause hatte ich nie einen absolut trennenden Graben bemerken können: Meine Mutter war eine zutiefst gläubige evangelische Christin und mein Vater ein toleranter, eher formeller Jude, der erst zu unauflösbarer Treue zu seinem Glauben fand, als er seiner „Rasse" wegen diskriminiert und für alles Böse in der Welt mitverantwortlich gemacht worden war. So wie meine Mutter ganz selbstverständlich fand, daß mein Vater nach dem Tode seines Vaters ein Licht anzündete und vor ihm im Gebet verharrte, war es für unseren Vater die natürlichste Sache von der Welt, daß er zu Weihnachten mit uns die Geburt Jesu feierte, voll Freude Weihnachtslieder mitsang (außer „Stille Nacht, Heilige Nacht", das mochte er nicht, weil er es für verlogen und kitschig hielt. „Weißt du denn, Willi, was es bedeutet, den Messias zur Welt gebracht zu haben, so eine große Sache – und zu diesem Geschehen solch ein seichtes Gesing-

Die Eltern Fuchs, 1939

sel!", sagte er mir einmal) und bewegt sein Töchterchen, unsere Adele, vor dem Taufbecken in der Stiftskirche von St. Arnual in Saarbrücken hielt. Niemals hätte er den Wunsch geäußert, daß seine Kinder in der jüdischen Religion erzogen würden, denn immer hielt er das Schicksal, als Jude geboren worden zu sein und als Jude durchs Leben gehen zu müssen, für eine Bürde, für ein Unglück. Um so würdiger trug er dann sein Los, als diese Bürde dann noch nur Schande, zur Fahrkarte in den Tod wurde.

Die Prager Juden, die ich kennengelernt hatte, die Verwandten, die Mitschüler und ihre Eltern, die Nachbarn – sie alle waren etwa von dem Schlage wie mein Vater, vielleicht nur nicht so gebildet, nicht so prinzipientreu in und trotz ihrer Toleranz gegenüber Andersdenkenden, aber alle waren in einem gewissen Sinn die geistigen Nachfahren des Moses Mendelssohn, des Nathan des Weisen, gewesen. Hier nun traf ich auf Juden von einem ganz anderen Schlag.

Auf dem Felde arbeitete wie ich ein Hüne von einem Kerl: blauäugig und hellblond wie aus einem Bilderbuch vom arischen Menschen schuftete er auf duftender (Mist-)Scholle. Herr Dr. Sinn, der jenseits der Grenze für das Rasse- und Siedlungshauptamt der SS eine vortreffliche Reichs- und Rassekunde erarbeitet hatte, hätte an diesem indogermanischen Urtyp seine helle Freude gehabt: Die Nasenform, der Brustkorb, das Verhältnis von Schädellänge zu Schädelbreite stimmten, die Art, wie er lachte, wie er seine Hände ruhig in den Hosentaschen hielt, während er bedächtig sprach – alles das hätte ihn dazu qualifiziert, im neugermanischen Reich in der Stiftung Lebensborn wie in einem Gestüt bei der Züchtung einer höheren Rasse Karriere zu machen. Er hieß Egon Samek. Eltern hatte er anscheinend keine mehr, denn er sprach nie von ihnen; wie er hierher gekommen war, habe ich nie in Erfahrung gebracht – es hat mich damals auch nicht sonderlich interessiert. Alle waren in diesen unordentlichen Zeiten von irgendwoher gekommen: Die einen aus dem Sudetenland, die anderen aus der Slowakei, andere aus Mähren, aus dem Schlesischen, aus dem Polnischen, aus Österreich, aus dem Tschechischen ... Und da jeder mit sich selbst genug zu tun hatte, fragte er nur selten nach dem Schicksal des anderen.

Dieser Egon Samek hatte nun einige Gepflogenheiten, die mir merkwürdig vorkamen und die ich bei einem Germanen noch nie gesehen hatte. Im Unterschied zu uns, die wir hastig das uns gebrachte Brot ergriffen und ewig hungrig herunterschlangen, wusch er sich gründlich die Hände, ehe er das Brot berührte, so in der Nähe eine Pfütze vorhanden war; gab es kein Wasser – ich erstarrte, als ich das zum erstenmal sah –, leckte er sich zuerst den Schmutz von den Händen, spuckte dann mehrfach sorgfältig aus und angelte sich dann erst ein Brot aus dem Korb. Und wiederum im Unterschied zu uns gab er immer dem Brot mit dem Marmeladenaufstrich oder mit der Margarine den Vorzug vor den leckeren Schmalz- oder Griebenbroten.

Es stellte sich heraus, daß der merkwürdige Junge mit den blonden Haaren, den mächtigen Fäusten und den blauen Augen Jude war, aber keiner von der aufgeklärten, verwestlichten Sorte, sondern ein durch und durch orthodoxer, glaubensstrenger Jude osteuropäischer Prägung. Dürfe man denn Brot mit unreinen Händen anfassen, fragte er mich erstaunt, als ich mich wunderte, warum er sich den Schmutz von den Händen lecke, ehe er sein Brot ergreife. Sei das nicht eine Beleidigung des Herrn, der uns das Brot geschenkt habe? Und gäbe es Schlimmeres, als den Allmächtigen zu beleidigen? Ehe Egon morgens zur Arbeit ging und wenn er sich am Freitagabend zurückzog, legte er die Gebetsriemen mit den Kapseln, die Tefillin, an, bedeckte seine Schultern mit dem Gebetsmantel, dem Tallit, und sprach halblaut die Gebete seiner Väter.

Auf mich machte diese absolute Frömmigkeit einen tiefen Eindruck, denselben wie die Art, in der die Bauern vor der Statue des Johann von Nepomuk die Mütze zogen. Das alles schien mir so selbstverständlich wie das Verhältnis meiner Mutter zu Jesus, dem sie abends immer alles sagte, was tagsüber geschehen war, und zu dem sie sich flüchtete, wenn ihre Schultern zu schwach wurden, allen Kummer und alles Leid zu tragen, die auf ihr lasteten.

Wir sind gute Freunde geworden, der Egon Samek und ich.

Der 14. März 1939 war ein Dienstag – ein Tag wie jeder andere. Morgens waren wir aufs Feld gefahren, hatten Rübenschnitzel aus zwei Mieten auf den Wagen geladen und hatten auf der Rückfahrt noch schnell Station gemacht im Dorfgasthaus, um uns dort aufzuwärmen, denn von mittags an hatte sich der Himmel zugezogen, ein kalter Ostwind hatte angehoben, und wieder war naßkalter, mit eisigem Regen vermengter Schnee in dicken Flocken wirbelnd niedergegangen. Als wir die Pferde ausgespannt und versorgt hatten und in die Stube eintraten, fiel uns sofort eine besondere, gedrückte Stimmung auf. Was denn passiert sei, wollten wir wissen. „Ach, geht doch selbst zu ihnen hin – sie sitzen im Heu und weinen."

In der Scheune hockten die drei jungen Dinger, die aus der Slowakei hierher gekommen waren – zwei davon waren Tschechinnen, eine Slowakin. Sie hatten soeben aus dem Rundfunk erfahren, daß sich die Slowakei von heute an von der Tschechoslowakei losgerissen und ihre Selbständigkeit erklärt hatte. Ihr Land hieß nunmehr „Slovensky štát – Slowakischer Staat", ihr Staatspräsident Monsignore Jozef Tiso, der sich „vertrauensvoll unter den Schutz des Führers des Großdeutschen Reichs Adolf Hitler" gestellt hatte, und die Partei, die von nun an alle Macht in diesem Staat an sich gerissen hatte, war die klero-faschistische Partei des Paters Andrej Hlinka. Und weil sie wußten, was für eine Partei das war, und weil sie die Namen der neuen Führer des „Slowakischen Staates" kannten – den Innenminister Šaňo Mach, der gleichzeitig Chef der Hlinka-Garde war, einer der deutschen SS in Ideologie und schwarzer Uniform nachempfundenen Kampftruppe, die eine rote Armbinde mit dem slowakischen Wappen, dem roten Doppelkreuz über den drei blauen Hügeln in weißem Schild, trug.

Die Hlinka-Garde hatte sich immer dann hervorgetan, wenn es darum gegangen war, Tschechen, Juden, Liberale, Sozialisten zu prügeln: Sie war der Stoßtrupp der Separatistenbewegung in der Slowakei gewesen. Die Mädchen sagten uns, wer Karol Sidor, wer Jozef Tiso, wer Béla Tuka, wer Ďurčanský waren – es war schon eine gediegene Auswahl, die da an die Oberfläche geschwemmt worden waren! Tuka allein hatte schon mehr Jahre im Zuchthaus verbracht, als wir uns überhaupt vorstellen konnten.

Wir trösteten die Mädchen, so gut es ging. Morgen würde man sicher schon weiter sehen – es käme gar nicht in Frage, daß sie jetzt in ihre Heimat zurückkehren würden. Schließlich seien die Grenzen zwischen dem, was von der Tschecho-Slowakei im Westen übriggeblieben war, und dem neuen Slowakischen Staat ja nicht geschlossen worden; und sie hätten doch sicher nichts zu fürchten. Jetzt saßen wir alle um den Radioempfänger, wieder hörten wir die sich unendlich lange wiederholenden ersten Töne aus der Moldau vom Smetana, dazwischen eine kurze amtliche Mitteilung von Radio Prag oder vom deutschsprachigen tschechoslowakischen Sender Melnik – aber was war jetzt überhaupt noch tschechoslowakisch? Man erfuhr, daß in der Slowakei Freudes- und Hassesorgien ausgebrochen seien: Tschechische Familien würden über die Grenze ins Mährische gejagt, tschechische Polizisten und Gendarmen, die in der Slowakei bislang Dienst getan haben, würden verhaftet und geschlagen, man hörte von Toten. Die Ungarn, so hörte man, hätten ihre Truppen in den Gebieten zusammengezogen, die früher zur Slowakei gehört hatten, aber nach dem Schiedsspruch von Wien zwischen dem Chef des Reichsaußenamtes von Ribbentrop und dem italienischen Außenminister Graf Ciano, dem Schwiegersohn Mussolinis, in Anbetracht der überwiegend magyarischen Besiedlung dieses Raums an den ungarischen Staat gefallen waren. Würde es zu einem Krieg dort unten kommen? Die Ungarn unter Horthy hatten sich nie mit der Lostrennung der Slowakei aus ihrem Staatsgebiet im Jahre 1918 abgefunden. Der Friedensvertrag von Trianon war ihnen aufgezwungen worden, wie den Deutschen der von Versailles oder den Österreichern der von St. Germain. Die Slowakei hatte fast tausend Jahre zu Ungarn gehört. Plötzlich war sie ein Teil der Tschechoslowakei geworden unter Berufung darauf, daß die Slowaken der Teil einer tschechoslowakischen Nation seien, deren zweiter Ast Böhmen und Mähren besiedelt habe und tschechisch spräche. Diese Konstruktion hatte man sich einfallen lassen, um bei den westlichen Verbündeten, vornehmlich bei den Franzosen und den Engländern, gewisse Bedenken zu zerstreuen, die entstanden waren, als man daran gegangen war, die zu schaffende Tschechoslowakei auf ihren ethnischen Zusammenhalt hin abzuklopfen. Tschechen, Slowaken, Deutsche, Polen, Ungarn, Ruthenen, Juden: War das nicht eine etwas zu wilde Melange, um Bestand zu haben? War nicht gerade die österreichisch-ungarische Monarchie an diesem nationalen Durcheinander zugrunde gegangen? Und wie könnten die Tschechen, das ohne Zweifel stärkste Volk in diesem Gemisch, das entschlossen war, die ordnende und führende Rolle im neuen Staat zu übernehmen, gewährleisten, daß sich die anderen Nationen nicht eines Tages gegen sie verbünden würden und damit etwas in Prag zur Macht bringen könnten, was durchaus nicht den Vorstellungen der Westmächte entsprechen würde? Damals war den tschechischen Unterhändlern die geniale Fiktion von der tschechoslowakischen Nation mit den zwei Mundarten – der tschechischen und slowakischen – eingefallen: Diese Nation würde allemal garantieren können, daß die anderen immer nur in der Position von Minderheiten verblieben. Von Anfang an war diese Fiktion eine unglückliche Idee gewesen. Als die Slowaken auf die ihnen von den Tschechen verbrieften Rechte pochten, stellten sie bald fest, daß eine politische Zusage eine Sache, die wirkliche ökonomische und politische Macht jedoch etwas anderes ist. Die Slowakei wurde zu einem Hinterland, in dem sich das tschechische Kapital, das viel stärker als das slowakische war, fröhlich tummeln konnte. Und je mehr auch die anderen nationalen Minderheiten in der Tschechoslowakei – ob aus innerem Bedürfnis oder aus materieller Not oder unter dem Einfluß von außen, insbesondere unter dem Einfluß von Berlin – auf ihre Rechte pochten und sie vom tschechischen Prag auch ultimativ durchzusetzen begannen, um so mehr regte sich in der Slowakei eine scharf antitschechische, antidemokratische, autoritative Strömung, die in einigen Priestern der katholischen Kirche ihre eifrigen Förderer, Fürsprecher und Führer fand.

Mit dem 14. März hatte auch die letzte nichttschechische Nation das Staatsschiff verlassen: Es war genau das eingetreten, was einst Clemenceau und Lloyd George befürchtet hatten.

Doch würden die Ungarn kämpfen? Mit wem hätten sie dann zu tun? War der „Schutz", den Hitler dem slowakischen Faschistenführer Tiso zugesagt hatte, nicht als Schutz vor einem Horthy zu verstehen, der anscheinend die Zeit gekommen sah, Trianon so zu revidieren, wie es sich Hitler vorgenommen hatte, Versailles in allen Punkten rückgängig zu machen und sich dabei – man kam aus dem Staunen nicht heraus – der Rückendeckung durch die Siegermächte von gestern und Hauptkonstrukteure von Versailles sicher sein konnte?

Doch was wußten wir kleinen Würstchen schon über die Beweggründe der Großen, die Politik betrieben und die mit einer einzigen Unterschrift, mit einem einzigen Wort unser Leben verändern, ja, vernichten konnten – ohne daß einer von ihnen je einen von uns gesehen und sich mit seinen Nöten oder Wünschen vertraut gemacht hätte. Ein tiefes Gefühl der Ohnmacht kam in uns auf; wir waren verzweifelt wie unsere kleinen Mägde, die nicht wußten, was sie tun sollten, die sich ängstigten um ihre Familien, um ihre Mütter, ihre Brüder zu Hause. Wir sagten ihnen in unserer Kleinheit, wir würden ihnen beistehen, wir würden sie schon nicht im Stich lassen. Aber wir waren wie sie traurig, welch ein Ende die Republik Masaryks nun genommen hatte, wie es kommen konnte, daß jetzt auch Preßburg sich zu den Schakalen gesellt hatte, da die Beute gerissen am Boden lag. Hätten wir gewußt, was uns selbst am nächsten Tag erwarten würde, hätten wir am 14. März jedem gratuliert, der aufgrund seiner neuen „slowakischen" Staatsangehörigkeit würde nach Neutra, nach Preßburg, in die Zips reisen dürfen.

Denn in der Nacht vom 14. zum 15. März 1939 fuhr der bisherige Präsident der tschecho-slowakischen Republik, der greise, schwerkranke Dr. Emil Hácha, nach Berlin, um auch seinerseits unter härtestem deutschem

Druck „das Geschick des tschechischen Volkes in die Hände des Führers zu legen". Hitler fand sich bereit, das Protektorat über Böhmen und Mähren zu übernehmen: Die Beute war nunmehr aufgeteilt, nachdem Hitler Ungarn bewilligt hatte, noch am selben Tage den östlichen Teil der ehemaligen Republik, die Karpatho-Ukraine, zu annektieren. Hácha, den man nach der Abdikation Beneš im November 1938 zum Präsidenten der Republik gewählt hatte, war vordem Präsident des höchsten Verwaltungsgerichts gewesen – natürlich wußte er genau, daß ein gewähltes Staatsoberhaupt viel vermag, daß er aber weder einen ganzen Staat noch irgend einen Teil dieses Staates dem Staatschef eines anderen Staates einfach überantworten dürfe ohne Befragung des Volkes, des Parlaments und der gesetzmäßigen Regierung.

Aber als Hácha in der Nacht zum 15. März in Berlin unterschrieb – er war bei den Verhandlungen zusammengebrochen, und der höchst erschrockene Hermann Göring hatte Hitlers Leibarzt Dr. Morell schnellstens holen lassen, daß „uns der Kerl hier nicht stirbt – die ganze Welt würde meinen, wir hätten ihn hier umgebracht" –, war die deutsche Wehrmacht schon längst in das tschechisch besiedelte Reststück der Tschechoslowakei einmarschiert.

Waren gestern die Mädchen aus der Slowakei traurig gewesen, als sie erfahren hatten, daß sie über Nacht Ausländerinnen geworden waren, waren wir kaum einer Regung fähig, als wir in den Frühnachrichten hörten, daß wir jetzt ein Teil des Großdeutschen Reichs geworden seien. Hitler hatte uns eingeholt, alles, was wir zu tun gedacht hatten, war nun hinfällig geworden. Was würde er mit meinem Vater tun, was mit uns allen, die wir doch vor ihm geflohen waren und daher von seiner Justiz als Reichsfeinde eingestuft waren? Hier konnte ich nicht bleiben – nach Prag gab es kein Telephon –, ich zitterte vor Angst um alle. Es war so unwirklich, so unnatürlich. In Borohrádek war alles wie früher: Der Dorfgendarm hatte noch immer dieselbe graue Uniform mit den silbernen Knöpfen und dem tschechoslowakischen Staatswappen an, wie gestern noch; der Briefträger trug seine französische Pelerine und seine Mütze wie ein französischer Polizist; alles war so wie gestern noch – und dabei war alles ganz anders geworden. Hatten die Menschen nach München geweint, gingen sie jetzt starr, als ob jemand in ihnen eine innere Feder aufgezogen hätte, ihre Gesichter blieben unbeweglich, sie schienen leer, tot, ohne Empfindung. Uns hatte ein Regime eingeholt, vor dem wir geflohen waren – die Tschechen hatte der Weiße Berg wieder eingeholt, alle

Illusionen von einem freien Land, von Unabhängigkeit, von der Kraft der Idee gegenüber der Brutalität der Macht waren zusammengestürzt wie ein Kartenhaus. Übrig geblieben war eine trostlose Leere.

Ich nahm mir frei und jagte zum Bahnhof, um den erstmöglichen Zug nach Pardubitz zu nehmen und dort auf den Schnellzug nach Prag umsteigen zu können.

Kein Mensch im Bummelzug unterhielt sich, keiner grüßte den anderen, keiner lachte, es schien, als ob die Leute in sich zusammengesunken seien. Der Schaffner ging durch den Zug ohne zu fragen, wer zugestiegen sei: Es war doch ohnehin alles schon gleichgültig. Richtig: Alles war gleichgültig geworden, das Leben, der Dienst, sogar das, was man dachte.

In Pardubitz sah ich die ersten Soldaten der Wehrmacht. Sie standen in ihren fast lächerlich langen Mänteln neben den Gleisen außerhalb des Bahnhofs, anscheinend bewachten sie das Stellwerk oder irgend eine Eisenbahnbrücke. Draußen wehte ein stürmischer Wind, der Schneeflocken und Sprühregen vor sich hertrieb. Die Soldaten standen stumm, auf dem Kopf trugen sie den Stahlhelm. Er sah anders aus als der tschechoslowakische, an den wir uns in den vergangenen Jahren schon gewöhnt hatten: Die Tschechen hatten einen flacheren, kugelsichereren Helm gehabt; bei den Deutschen hatte man die Tradition aus dem Ersten Weltkrieg fortgeführt. Ich sah mir die Rangabzeichen an: Oh ja, ich kannte sie, ich erkannte sie wieder! Für einen Augenblick überkam mich ein ganz merkwürdiges Gefühl: Ob diese Soldaten wirklich Feinde wären, ob sie nicht etwas mir Verwandtes wären? Bin ich denn nicht von dort, von wo sie kamen? Sprechen sie nicht dieselbe Sprache wie ich? Es dauerte nur eine Sekunde, solange wie ein Eisenbahnzug braucht von einer Telegraphenstange zur anderen – und dennoch weiß ich heute noch ganz genau, was ich damals dachte und verspürte: Sogar ein bißchen Stolz fühlte ich, wie ich sie so ruhig, so diszipliniert stehen sah, wie sie ihren Dienst taten, als ob dies ihr gewöhnlicher Alltag wäre. Viel, viel später habe ich gesehen, daß sie jeden Dienst versahen, als ob er ganz natürlich, selbstverständlich wäre, daß sie alles ausführten, was ihnen befohlen worden war, ruhig und diszipliniert. Was mir in der ersten Stunde des Wiedersehens sogar imponiert hatte, wurde für mich später von allen Alpträumen der schlimmste: Daß man mit ihnen alles machen konnte, wenn man nur die Macht über sie hatte.

Im Abteil saß ein Deutscher aus der Slowakei – er trug das Abzeichen der Karmasin-Partei, eines Zweigs der Sudetendeutschen Partei des Konrad

Henlein: ein Hakenkreuz auf dem slowakischen Schild. Er schaute interessiert hinaus; wir sprachen kein Wort miteinander.

Je mehr wir uns Prag näherten, desto mehr deutsche Soldaten sah man draußen stehen. Sie hatten – ich dachte mir: welche Leistung – in kaum zehn Stunden buchstäblich alle strategisch wichtigen Punkte in ihre Gewalt gebracht; es war, als ob sich die ehemalige tschechoslowakische Armee in Luft aufgelöst hätte. Der Hauptbahnhof in Prag – er hieß immer noch Wilsonbahnhof – war besetzt wie eine Festung. Hier sah man auch schon deutsche Feldgendarmerie.

Die Stadt wirkte merkwürdig abweisend. Menschen standen herum, beobachteten, wie Lastwagen voller Soldaten, einer nach dem anderen, aus allen Richtungen in Prag eindrangen und ihre Fracht an vorbereitete Plätze mit der Präzision eines Uhrwerks brachten. Es war gerade diese manöverhafte Genauigkeit, dem Abrollen eines riesigen, für normale Blicke unüberschaubaren Räderwerks gleich, das so entsetzlich auf die Zuschauer wirkte. Ab und zu sah ich erhobene Fäuste, die den vorbeifahrenden Soldaten in ohnmächtiger Wut drohten; die Soldaten starrten nach vorn, sahen weder nach rechts noch nach links. An einigen Stellen standen tschechische Polizisten in ihren schönen, schwarzen Mänteln mit roten Aufschlägen und zwei Reihen blitzenden silbernen Knöpfen, die die vorbeifahrenden Kolonnen vor haßerfüllten tschechischen Gruppen schützten – in Wirklichkeit ging es doch eher darum, keine Zwischenfälle zuzulassen, die vielleicht mit einem völlig unnützen Blutbad geendet hätten. Es war doch ohnehin schon alles vorbei, alles verloren. Es war, und das spürte ich hier wieder, schon alles gleichgültig geworden. Die Zeit für heroische Gesten war vorbei. Die Zeit Adolf Hitlers war angebrochen.

Ich rannte nach Hause, links vom Bahnhof in die Marschall-Foch-Straße bis hin zum Riegerpark, bergan durch die verschneite, matschige Anlage in unsere Straße, in unser Haus, in den ersten Stock: Gott sei Dank, meine Eltern waren beide zu Hause, es war ihnen noch nichts geschehen, mein Vater war ruhig, wie immer. Seine permanente Lebensfurcht konnte von aktuellen Ereignissen nicht erschüttert, aber auch nicht gesteigert werden. So ist er immer geblieben: Auch in seiner tiefsten Erniedrigung, in seinem tiefsten Elend, ist die gegenwärtige Pein an ihm unbemerkt, fast unregistriert vorbeigegangen. Daher die Würde, die Gelassenheit, mit der er alles ertragen hat, was ein Mensch nur ertragen kann – und noch darüber hinaus.

Mich trieb es wieder auf die Straße. Inzwischen hatten die Deutschen überall Tafeln aufgestellt: „In Prag wird links gefahren". Wirklich: Wie in allen Nachfolgestaaten der österreichisch-ungarischen Monarchie war der Linksverkehr eingeführt worden; um kein absolutes Chaos hervorzurufen, beließen es die Besatzungsbehörden dabei. Erst später, einige Wochen danach, erschienen eines Morgens Schilder auf der Straße mit dem Hinweis: „In Prag wird rechts gefahren – V Praze se jezdí vpravo". An den Litfaßsäulen klebten große Plakate, die mit einem hakenkreuztragenden Adler geschmückt waren. Auf ihnen teilte der Oberbefehlshaber der Heeresgruppe 3, Blaskowitz, General der Infanterie, der Bevölkerung mit, daß er „auf Befehl des Führers und Obersten Befehlshabers der Deutschen Wehrmacht im Lande Böhmen mit dem heutigen Tage die vollziehende Gewalt übernommen habe". Die Tschechen starrten ungläubig die Übersetzung dieses Aufrufs an: Es war, als ob man das Deutsche in die Sprache von Schimpansen übersetzt hätte. Aus der Art, wie man die Übertragung ins Tschechische gemacht hatte, loderte den Besiegten eine Arroganz und Verachtung entgegen, die wie ein Wetterleuchten künftiger Behandlung von seiten des Siegers wirkte. Das deutsche Wort „Aufruf" war, dieser Mentalität entsprechend, als „Rozkaz", also als „Befehl" übersetzt worden; dem Urheber hatte es dabei nichts ausgemacht, daß er Rechtschreibung und Grammatik des Tschechischen einfach ignoriert hatte, also gerade das, worauf ein Volk, das sich seine Sprache und Kultur erst vor kurzer Zeit in unendlicher Mühe und Liebe hatte zurückgewinnen müssen, besonders stolz war. Aus dem Obersten Befehlshaber hatte der Übersetzer einen „Präsidenten der deutschen Armee" gemacht, aus der Heeresgruppe einen oddíl, also ein Bataillon, aus dem Führer einen Votze, worüber sich hier und da ein pubertärer Wehrmachtsangehöriger amüsierte: was für komische Wörter doch die tschechische Sprache habe! Nur war dieser Ausdruck nicht tschechisch, er war blaskowitisch.

Am selben Tag kam Hitler nach Prag zu einer Stippvisite; aus dem Fenster der Prager Burg, die von nun an bis zum Ende des Tausendjährigen Reichs „Deutsche Kaiserburg" heißen sollte, blickte er hinab auf das gedemütigte Prag zu seinen Füßen. Um seinem Aufenthalt noch ein Kolorit zu verleihen, das etwa an die „Übergabe von Breda" des Velasquez erinnerte, wurden Eilboten mit dem Auftrag ausgeschickt, den ehemaligen Ministerpräsidenten der Tschechoslowakei zur Zeit der Münchenkrise, den Generalinspekteur der tschechoslowakischen Armee, Syrový, aus einem Dorfe, wohin er sich nach der Kapitulation zurückgezogen hatte, in voller Uniform auf die Prager Burg zu Hitler zu holen. Hitler versicherte dem Armeegeneral gnädig, daß er die Tschechen schützen würde – dann gab er dem Offizier die Hand. In dem Augenblick klickten die Photoapparate; am nächsten Tag erblickten wir in den Zeitungen das Unglaubliche. Für diesen Händedruck ist General Syrový, der höchste General der Vorkriegstschechoslowakei und der höchstdekorierte tschechoslowakische Offizier des Ersten Weltkriegs, nach 1945 zu zwanzig Jahren Zuchthaus verurteilt worden, davon hat er fünfzehn Jahre verbüßt.

Am nächsten Tag vernahmen wir aus dem Rundfunk, wie wir heißen würden: Der Chef des deutschen Auswärtigen Amtes, Reichsminister Joachim von Ribbentrop, verkündete es im Radio persönlich. Wir waren von nun an ein Protektorat Böhmen und Mähren – Protektorát Čechy a Morava; den Führer würde ein Reichsprotektor vertreten. Der Eigenart des tschechischen Volkes entsprechend sollte es hier eine autonome Regierung geben und einen Staatspräsidenten – übrigens einen Präsidenten für einen Staat, den es ja gar nicht gab. Es sollte weiter der Dr. Emil Hácha sein, der bislang Präsident der Republik gewesen war. Dann sollten wir eine eigene Protektoratsregierung behalten dürfen, mit einem Ministerpräsidenten und einer kleine Präsentiertruppe wie aus einer Operette.

Derweil feierten die Sieger. Ich war dabei, als die grauen Kolonnen vor ihrem kommandierenden General auf dem Wenzelsplatz defilierten, die Infanterie im Paradeschritt, der den Tschechen im Kino immer so lächerlich, so marionettenhaft vorgekommen war – beim Anblick auf diese ausgerichteten Reihen, auf diesen fast maschinenhaften Ablauf des Defilees, auf die unbeweglichen Gesichter der Soldaten, die einen Feldzug gewonnen hatten, ohne einen einzigen Schuß zu tun, verging ihnen das Lachen. Panzer und Haubitzen, motorisierte Truppen und Kavallerie führten jene Macht vor, auf die sich die Okkupanten allein stützten und stützen würden – Argumente aus dem Bereich des Rechts und der geschichtlichen Kontinuität oder gar die Berufung auf eine gemeinsame Bildung und Kultur, auf Jahrhunderte wie auch immer konfliktreicher Symbiose zwischen zwei Kulturvölkern inmitten Europas: Das alles würde nie wieder zu hören sein unter den Tritten der gestiefelten Machthaber.

Auf der Tribüne und in ihrer nächsten Nähe hatten sich die Prager Deutschen sowie extra zu diesem Spektakel angereiste Sudetendeutsche postiert, um den Triumph ihres Lebens zu genießen: Sie winkten den vorbeimarschierenden Soldaten zu, grüßten sie mit dem Hitlergruß, schwenkten die Hakenkreuzfahnen. Die Tschechen fraßen diesen Anblick in sich hinein – es würde eine Zeit kommen, da sie sich für die Schmach, die ihnen angetan worden war, furchtbar rächen würden. Insbesondere an denen, die hier Beifall klatschten.

Die deutschen Soldaten benahmen sich korrekt; gegenüber der Zivilbevölkerung waren sie äußerst freundlich. Man sah ihnen an, daß sie sich in Prag wie im Paradies fühlten. Erstens waren sie ohne Schramme in ein fremdes Land eingerückt, und zum zweiten entdeckten sie das faszinierende Bewußtsein, einer siegreichen Nation und einer siegreichen Truppe anzugehören. Mag sein, daß etliche unter ihnen Hitlers Aktionen als Abenteuer gefürchtet und seine Methoden als abscheulich betrachtet hatten: Im Augenblick des Sieges werden solche Bedenken hinfällig.

Hatten sie nach den Schilderungen ihres Propagandaministers befürchten müssen, es im Böhmenlande mit Banditen und kulturlosem Gesindel zu tun zu haben, stellte sich an Ort und Stelle heraus, daß die Tschechen recht höfliche, meist deutschsprechende Leute waren, daß sich ihre Lebensweise kaum vom Lebensstil der Deutschen unterschied und hauptsächlich, daß sie zu leben verstanden. Seit langem hatten die Soldaten, die aus Deutschland hierher gekommen waren, nicht so volle Schaufenster gesehen wie hier: Was es da alles zu essen, was es alles zu trinken gab! Sie mampften Schokolade und Wiener Würstchen, Schlagsahne und Cognac in sich hinein. Der angeordnete Wechselwert von einer Reichsmark für zehn Kronen machte es möglich. Wenn ihnen etwas mißfallen mochte, dann die begrenzte Dehnbarkeit der Mägen und die interne Unverträglichkeit der genossenen Speisen.

Zu Anfang wurden die Besatzertruppen von den tschechischen Mädchen geschnitten. Doch das legte sich nach ein paar Tagen: Schon fand sich die eine oder die andere, die bereit war, trotz mißbilligender Blicke der Leute oder trotz verächtlicher Bemerkungen der Vorübergehenden mit ihrem Feldwebel oder Leutnant über Wenzelsplatz und Graben zu flanieren. So war es und wird es sein, solange die Menschheit bestehen wird: Nach einer gewissen Schamfrist finden die meisten das Lager anseiten des Siegers oder die Arbeit für den Sieger immer angenehmer und gewinnbringender als das maulende, graue Leben im Schatten, mag das Gefühl der wenigen, zu den Gerechten zu gehören, auch noch so sehr den imaginären Busen schwellen. Denn es ist schwer, sehr schwer, aus Stolz und aus Prinzip auf der Position der Besiegten, auf der Position des Feindes der Herrschenden ohne Hoffnung auf Erfolg zu beharren.

68

Der Regen und der Matsch ließen langsam einige merkwürdige Plakate vergammeln, die ich am Tage meiner Ankunft allenthalben in Prag vorgefunden hatte: Der Führer der tschechischen faschistischen Gemeinschaft, der Česká obec fašistická, Radola Gajda, hatte nach der Abtrennung der Slowakei am 14. März dem tschechischen Publikum mitgeteilt, daß seine Partei hiermit die Macht übernähme. Der Dummkopf hatte gemeint, endlich sei seine Zeit gekommen. Was ihm niemals gelungen war, die Tschechoslowakei faschistisch zu durchsetzen und zu zersetzen, wie das in Polen und in Rumänien, in Jugoslawien, in Ungarn und in Bulgarien geschehen war, meinte er jetzt in einem Handstreich erreichen zu können. Gajda und Stříbrný, die beiden Matadore des tschechischen Faschismus, hatten gedacht, Hitler ginge es um eine faschistische Neuordnung Europas, und er würde sie daher unterstützen. Sie hatten sich verrechnet: Hitler ging es nur um sich selbst. Beide Politiker ließ er später übrigens einsperren.

Als ersten Reichsprotektor für Böhmen und Mähren ernannte Hitler den ehemaligen Reichsaußenminister Konstantin Freiherr von Neurath, einen Altnazi und Bonvivant, der anfangs von der furchtbaren Lethargie, in die das tschechische Volk abgesackt war, profitieren konnte. Die Drecksarbeit besorgte in seinem Schatten die Gestapo, die sich sofort, ohne einen Augenblick zu verlieren, den gesamten Apparat der tschechischen, von nun an Protektorats-Polizei und -Gendarmerie untertan machte. Noch in der Nacht zum 16. März nahm die Gestapo die ersten Hunderten Kommunisten fest, deren Verzeichnis sie von der tschechischen politischen Polizei übernommen hatte.

Von nun an gab es keine ruhige Nacht mehr unter den vielen Tausenden deutschen Emigranten, die aus politischen Gründen in die zugrunde gegangene Tschechoslowakei geflüchtet waren.

Doch da bei uns zu Hause alles beim alten blieb und sich nichts regte, kehrte ich nach Borohrádek zurück: Was sollte ich schon machen? Es war ohnehin alles gleichgültig geworden.

Die Monate gingen ins Land, es wurde Frühling, es wurde Sommer. Unter viel Gelächter der Knechte hatte ich gelernt, hinter dem Pflug zu gehen und Furchen zu ziehen, die doch nicht mehr so krumm waren wie am ersten Tag, als mein Gaul es darauf angelegt hatte, mich vor allen lächerlich zu machen, indem er sich nur im Kreise drehte und meine Pflugschar in eine Art Bohrer verwandelte, der zu ergründen trachtete, was tief unter der Krume verborgen sein mochte. Aber wie ich mich auch bemühte, den

Umgang mit der Sense habe ich nie erlernt. Beim ersten ordentlichen Schwung fand sich immer ein Steinbrocken, an dem mein Blatt abrupt zum Stillstand kam.

Jetzt erst merkte man, wie schön, wie lieblich die Landschaft hier war: Felder und Wiesen und Wäldchen, kleine Teiche, Bäche, freistehende Erlen und Linden, dazwischen die schmucken mittelböhmischen Bauernhäuser. Man konnte hier schon recht glücklich sein, wenn man hier zu Hause war. Aber ich war hier nicht zu Hause, ich nicht und die anderen auch nicht.

Die Sonntage verbrachte ich mit Egon Samek. Wir sprachen über dieses und jenes, über unsere Zukunft, darüber, ob es uns nicht doch gelingen würde, auszuwandern. Auf der Gendarmeriestation besorgte ich mir damals für alle Fälle meinen ersten Reisepaß. Sorgfältig achtete ich darauf, daß er „für alle Länder der Welt" gültig war. Allerdings war er mit einer kleinen Einschränkung versehen: „Außer für die UdSSR". Aber das focht mich nicht sonderlich an. Es wäre mir zuletzt eingefallen, von hier nach Rußland zu emigrieren. Nicht, weil ich zu diesem Land eine ungute Einstellung gehabt hätte, im Gegenteil. Ich hatte keinen einzigen der großen sowjetischen Filme ausgelassen, die zwischen 1935 bis 1938 in Prag vorgeführt worden waren. Da hatte es den „Kreuzer Potemkin" gegeben, den Revolutionsfilm „Ein weißes Segel am Horizont", den großartigen Film gegen die Nazidiktatur „Gulliver", die historischen Filme Eisensteins, den erschütternden Film „Kronstadt". Diese Streifen hatten einen tiefen Eindruck hinterlassen, sie schienen aus dem tiefsten Herzen der Regisseure, der Schauspieler gekommen zu sein. Sie erweckten unsere Phantasie, sie zeigten eine Zukunft, sie erfüllten die Zuschauer, die von Arbeitslosigkeit und Unsicherheit und Hitler bedroht waren, mit einer Art Hoffnung, es müsse nicht immer so sein. Sie boten eine Alternative an. Von den Säuberungen hatten wir damals nichts gehört; als wir in den Refrain des Liedes einstimmten „... und es gibt kein Land auf dieser Erden, wo das Herz so frei dem Menschen schlägt – ja drugoj takoj strany něznaju, kde tak volno dyšet čelověk", wußten wir nicht, daß damals Stalin schon im Blute von Millionen Menschen, auch im Blute der engsten Mitstreiter Lenins, watete.

Ich war mit meinem Cousin Friedel ins Theater von Voskovec und Werich, ins Osvobozené divadlo, gegangen und hatte mir ihre großartigen Clowniaden angesehen, Clowniaden im Kampf gegen den Faschismus, gegen die Bedrohung der Republik von außen, Clowniaden für bürgerliche Tapferkeit, für die Rechte des kleinen Mannes, für Menschlichkeit im Umgang von Menschen mit Menschen. Voskovec und Werich waren nie Kommunisten gewesen, aber sie hatten die Verlogenheiten und Schwachstellen der bürgerlichen Gesellschaft, ihre menschenverachtende Kälte gegenüber denen im Schatten, so ihrer beschönigenden Girlanden entkleidet, daß besonders junge Menschen fast notwendig auf die Frage gestoßen wurden: was denn anderes als diese Gesellschaft? Voskovec und Werich gaben die Antwort selbst nicht – dazu waren sie viel zu freie und unabhängige, ja, im wesentlichen viel zu anarchistische Geister, für die jede Form von Hierachie unerträglich war (und der Kommunismus hatte in Rußland fürwahr eine Hierachie aufgebaut, die ihresgleichen an Härte suchte!).

Und dann hatte ich die Bücher verschlungen, die mir Tante Ida gegeben hatte, Bücher über die Revolution, über das Elend der Massen, über den Aufstand der Unterdrückten, der Gedemütigten, der Gepeinigten. Ich hatte die Verfassung der UdSSR mit der Verfassung z. B. der Tschechoslowakei verglichen. Wie himmelhoch schien dieses Gesellschaftssystem über dem der bürgerlichen, der, wie man ja wußte, nur formellen Demokratie zu stehen! Daß es Verfassungen geben kann, in denen genau das geschrieben steht, was den Menschen, die unter diesen Verfassungen leben, für immer und ewig vorenthalten bleibt, hätte ich mir das mit meinen kaum sechzehn Jahren träumen lassen?

Aber die Idee, in die Sowjetunion auszuwandern, kam uns damals nicht einmal im Traum. Der Gedanke allein, das Aufzucken eines solchen Gedankens schon, wäre für absurd gehalten worden. Sympathien zur Sowjetunion ja, Unterstützung ihrer Anliegen ja, schließlich hatte sich Moskau in der Sudetenkrise vor den Augen der ganzen Welt eindrucksvoll auf die Seite der bedrohten Tschechoslowakei und auf die Seite der Demokratie geschlagen. Das hatte keiner von uns vergessen, aber die Sowjetunion war doch etwas, was über unseren Horizont hinausging. Wir waren doch keine Proletarier, keine Bolschewiken, in Wirklichkeit hatten wir doch damit nichts zu tun. Massen ziehen einen Menschen, der als Individualist erzogen ist, immer mit einer magischen Kraft an. Aber in der Tiefe seiner Seele fürchtet er sich vor ihnen. Sie ziehen ihn an wie etwas Schreckliches und stoßen ihn ab wie etwas Obszönes, wie ein Untier, das jeden zu verschlingen bereit ist, der sich ihm unterwirft. Und die Sowjetunion: Das waren eben die Massen, die Aufmärsche am 1. Mai, in denen die Menschen alle gleich aussahen, in denen sie ihre Individualität verloren hatten. So sahen in unseren Augen auch die Aufzüge der Kommunisten am 1. Mai aus, die wir in den aufregenden Jahren 1936, 1937, 1938 in Prag erlebt hatten, die mächtigen Ströme von Menschen in dunklen Anzügen mit roten Nelken im Knopfloch und die Frauen mit roten Kopftüchern. Aber sie kamen aus Fabriken, die wir nicht kannten, sie kamen aus Hinterhöfen, die wir nicht kannten, sie kamen aus Quartieren, die wir nie gesehen hatten. Wir winkten ihnen zu – aber wir hatten Angst vor ihnen. Was sie wirklich wollten, ahnten wir nicht einmal. Die rote Fahne zog mich an wie ein Mysterium, es war die Fahne des vergossenen Blutes, die Fahne der Märtyrer, die Fahne der Morgenröte, der Aurora, war – vielleicht – die Fahne der Zukunft – aber sie war gleichzeitig eine gefährliche Fahne, die wie eine Faust in die Stube einzuschlagen drohte, in der mein Vater seinen Schopenhauer, seinen Montesquieu, seinen Pascal, seinen Storm, seinen Liliencron, seinen Lessing las.

Daher fiel uns wahrscheinlich die UdSSR als Land nicht ein, in das wir hätten auswandern können.

Und daher träumten wir lieber von so fernen, exotischen Ländern, die für uns unerreichbar waren, wie Kanada, Australien, Neuseeland, die Vereinigten Staaten … Vielleicht würden sie uns ihre Tore öffnen, wenn wir ordentliche Landwirte, ordentliche Bauern geworden seien, mit einem Zeugnis in der Tasche und einer Bestätigung über unsere Praxis. Wir waren damals, wenn ich es recht bedenke, doch recht naiv; und da Naivität der einzige Vorzug der Jugend war, den wir genossen, nutzten wir sie in unseren Träumen.

Als das Getreide schon hoch stand und die Nächte schwüler wurden, bemerkten wir am Horizont hinter dem Wäldchen östlich unseres Dorfes manchesmal Feuer, so, also ob dort fahrendes Volk lagerte oder vielleicht eine Pfadfinderorganisation ihre Zelte aufgeschlagen hätte. Vor einem Jahr hatte ich selbst noch mit meinem Bruder Alfred in solch einem Zeltlager an der Sázava, einem Nebenfluß der Moldau, die Ferien verbracht. Das Leben in diesem Jugendlager der YMCA, der Young Men Christian Association, wollte mir jetzt vorkommen wie in einem verlorenen Paradies. „Komm, wir gucken uns das einmal an", schlug ich Egon vor. Als es dunkel geworden war, zogen wir aus. Wie sich das geziemt, wenn man sich einem Lager nähert, gingen wir vorsichtig vor. Die letzte Wegstrecke legten wir schleichend zurück. Was wir fanden, hatten wir wirklich nicht erwartet: Vor uns lagerten an etlichen kleinen Feuerchen Mädchen und Jungen, die alle mit irgendwelchen Dingen intensiv beschäftigt waren.

72

An einem Feuer erzählte ein junger Mann etwas einer angespannt lauschenden Gruppe, an einem anderen machten sich die Leute Bemerkungen in kleine Heftchen und fragten sich gegenseitig ab. Es war, als ob sie Vokabeln lernten. An einer dritten Feuerstelle hockten einige, die auf den Fersen wippend leise ein Lied sangen. Die Melodie klang traurig, sehnsüchtig, sie klang nach Steppe und nach Dunkelheit.

Wir hatten ein illegales Ausbildungslager des Haschomer Hazair, einer sozialistischen zionistischen Jugendorganisation, entdeckt. Die wenigen erwachsenen Männer, die wir gesehen hatten, waren als Instrukteure aus Palästina, aus dem Eretz Israel, aus dem Lande Israel, gekommen, um junge Juden, Mitglieder und Nichtmitglieder ihrer Organisation, auf die illegale Einwanderung ins Eretz vorzubereiten. Es verschlug uns den Atem: Wie tollkühn, wie überzeugt von ihrer Sache mußten Menschen sein, die aus der Sicherheit freiwillig hierher gekommen waren, in einen Staat, aus dem wir mit aller Macht drängten, weil wir vor ihm Angst hatten und weil wir wußten, warum wir uns fürchteten.

Egon verstand, worüber sie sprachen, hatte er doch Hebräisch so weit gelernt, daß er beten konnte. Das moderne Iwrit, die neuhebräische Umgangssprache, konnte er allerdings auch nicht. Aber er konnte sie wenigstens lesen, wogegen ich überhaupt nichts verstand – weder die Worte, noch die Schrift. Es war für mich wie in einem Traum. Da saßen mitten im Großdeutschen Reich, in einem Walde im Protektorat Böhmen und Mähren, Juden und sprachen jiddisch oder hebräisch, versuchten es jedenfalls, lernten, was man wissen muß, um Apfelsinen anzupflanzen, lernten die Grundzüge der Organisation der Kibbuzim, erfuhren, was man tun muß, wenn man sich einem Kahn anvertraut, der jeden Augenblick untergehen kann, hörten, wie man die britischen Einwanderungsbehörden überlisten muß, um nicht ausgewiesen oder nach Madagaskar abgeschoben zu werden. Die Instrukteure erzählten ihnen, die oft bis gestern überhaupt noch nicht geahnt hatten, daß sie Juden waren, ja, die von der Hitlergesetzgebung erst mit der Nase auf die Tatsache gestoßen worden waren, daß sie jüdischen Bluts, jüdischer Rasse seien, was das Spezifikum der Juden sei, lauschten den Worten über die unendlich lange Diaspora, über die Leiden, die ihr Volk hatte mitmachen müssen, und über die Leiden, die ihm noch bevorstünden. Weder die bürgerlich-demokratische Revolution habe den Juden die Gleichberechtigung gebracht, noch die sozialistisch-proletarische Revolution würde ihnen die wahre Gleichheit bringen. In der kapitalistischen Gesellschaft hätten sie sich abstrampeln können wie auch immer, hätten versuchen können, Reichtümer zu erwerben und sich die gesellschaftliche Anerkennung zu erkaufen. In Wirklichkeit seien sie doch immer nur die miesen Jidden geblieben, schließlich habe das Marx ja selbst in brutalster Weise festgestellt. Und der Kommunismus? Ihm müsse man sich unterwerfen, eine Assimilation im revolutionären Kommunismus würde immer nur die Aufgabe der jüdischen Identität bedeuten: Wenn man aufhöre, Jude zu sein, könne man – vielleicht – im Sozialismus leben, aber nicht als Jude leben. Hatte Stalin nicht selbst den Juden jegliche jüdische nationale Identität abgesprochen? Hatte sie nicht Marx verächtlich gemacht? Für einen Juden gäbe es nur eine Chance, wolle er sich und der Geschichte seines Volkes nicht untreu werden: Er müsse sich zu seinem Judentum, dem Wesentlichen in seinem Charakter und in seiner Einstellung zur Welt bekennen. Jüdische Kapitalisten und jüdische Arbeiter seien zu allererst Juden, also kapitalistische Juden und proletarische Juden. Jüdische Deutsche und jüdische Engländer und jüdische Franzosen und jüdische Tschechen seien vor allem Juden, also deutsche Juden und englische und tschechische und polnische und russische Juden. Sei seien eine Gemeinschaft, die von Religion und Tradition, von Gebräuchen und schrecklicher Geschichte zusammengeschweißt sei. Als Jude könne man nur leben, wenn man eine Heimat erwürbe, die mit dem Volk, das in ihr lebe, identisch sei.

Ob das alles stimmte oder nicht wußte ich nicht, aber es klang gut. Es war wie eine Erleuchtung, ein Appell nicht nur an den Verstand, sondern auch an die Seele.

Die Instrukteure imponierten mir. Nicht allein, weil sie in die Höhle des Drachen gekommen waren, freiwillig ihr Leben aufs Spiel gesetzt hatten. Sie unterschieden sich wiederum von allen Juden, die ich je gesehen hatte. Sie benahmen sich nicht wie jene aus dem Osten, die sich an ihren Glauben klammerten, um die Prügel, mit denen sie traktiert wurden, besser auszuhalten, um die Wunden, die sie in unzähligen Pogromen erlitten hatten, überhaupt zu überstehen, aber sie glichen auch nicht den aufgeklärten Juden aus dem Westen, die sich vor Beleidigungen duckten oder die sich die moralischen Ohrfeigen, die ihnen zugefügt wurden, wie eine Auszeichnung als wahre Märtyrer an den Rock geheftet hatten, nein, sie glichen nicht jenen, die sich mit vorwurfsvollem Blick auf die moralischen Gesetze ihrer Peiniger beriefen, um Schonung und Mitleid zu erheischen. Die hier waren anders. Sie benahmen sich wie ganz und gar freie Menschen. Schon vom Wuchs schienen sie anders: groß und braun gebrannt und schlank. Sie bewegten sich wie Männer, die gewohnt sind, sich zu verteidigen mit der Waffe in der Hand, wie Männer, die sich ihr Recht weder erbetteln noch erschwätzen, sondern erkämpfen. Sie sprachen langsam, dachten nach, ehe sie antworteten. Aber in ihnen glimmte eine Überzeugung, die jedes Gegenargument wie eine Hürde im Sturm nahm. „Weißt du Willi," sagte mir einmal einer von ihnen, „wenn man Juden prügelt, vergießen manche Christen Tränen des Mitleids. Es ist offensichtlich eine Gemeinheit, wenn man Juden totschlägt. Aber wir wollen kein Mitleid und brauchen keine Sympathie, wenn die Bedingung dafür der geschundene Jude ist. Wir wollen überhaupt nicht mehr geprügelt werden, nie wieder. Und dafür brauchen wir ein eigenes Land, einen Staat, der jeden Juden auf der Welt davor schützt, geschlagen zu werden. Sicher, wenn wir diesen Staat haben, wird man uns nicht mehr bemitleiden, und wir werden vielen nicht mehr sympathisch sein. Warum auch?"

Es ging etwas von diesen Menschen aus, wie von Aposteln. Sie hatten ja das Land der Träume gesehen, waren auf abenteuerlichste Weise dorthin gelangt, hatten es bebaut mit ihren eigenen Händen, hatten gegen die Engländer gekämpft: Sie mußten nicht glauben – sie waren da gewesen.

Natürlich müßte ihr Staat ein ganz anderer werden, wenn er einmal Wirklichkeit würde. Er dürfte kein Unterdrückungsapparat werden wie der bürgerliche Staat – der Haschomer Hazair war eine sozialistische Organisation! Er müsse die Organisation aller Menschen werden, die alle gleich sein würden, in der Wirtschaft, vor dem Gesetz, Männer und Frauen.

Es war nicht der Kommunismus sowjetischer Prägung, den diese hier predigten, sondern etwas, das wie Urchristentum klang, wie die Verwirklichung der kühnsten Träume humanistischer Utopie oder utopischen Humanismus'.

Hatten sich die Ostjuden vor moderner Emanzipation und Assimilation gefürchtet und waren die westlichen Juden Opfer dieser Emanzipation und Akulturation geworden, indem sie ihre jüdische Identität desto mehr verloren, je mehr sie versuchten, wie ihre christliche Umwelt zu werden, stellten diese hier eine ganz besondere Art der Emanzipation und Assimilation dar. Sie wollten sich als ein Volk, als eine Nation emanzipieren von mittelalterlicher Beschränktheit und als Volk, als Nation das werden, was die anderen, die Deutschen, die Russen, die Engländer, die Franzosen ganz selbstverständlich waren, wollten teilnehmen am Geschehen in dieser Welt als Volk, als Nation, als Staat – gleichzeitig jedoch auf diese Welt einwirken aus der Sicht ihrer uralten ethischen Vorstellungen – eben als das Auserwählte Volk. Der Staat also als eine Art agustianischer Civitas Dei? Damals wußte ich noch nicht, wie gefährlich es für die Umwelt und für das eigene Volk wird, wenn sich jemand im Besitz der absoluten, der göttlichen Wahrheit weiß, wenn er weiß, daß das Gute ausschließlich auf seiner und das Böse selbstverständlich nur auf Seite des Gegners ist.

Oh, wie sie sich hier stritten, wie hier argumentiert wurde – ernst, begeistert, leidenschaftlich, als ob es an den jungen Männern und Kindern läge, wie die Welt von morgen, wie ihre eigene Welt aussehen würde!

In diesen Wochen bin ich selten vor Mitternacht ins Bett gekommen. Ich saß zu Füßen der Instrukteure, lauschte ihren Worten, prägte mir den Tonfall ihrer Sprache ein, lernte ihre Schrift zu schreiben. Die gedruckte Schrift habe ich nie richtig erlernt, zu viele Buchstaben schienen einander allzu ähnlich zu sein – aber die geschriebene Schrift lernte ich schnell. Sie war wie eine Kurzschrift, bestand aus kleinen Bögen, Strichen und Punkten. Man konnte in ihr mit unglaublicher Geschwindigkeit nicht nur jiddische oder hebräische Texte zu Papier bringen, sondern auch deutsche Worte. Natürlich schrieb man auch Deutsch von rechts nach links – als ich diese Fertigkeit meinem Vater später einmal vorführte, hat er herzlich gelacht: Eine solche Entwicklung hatte er sich bei seinem Sprößling denn doch nie gedacht. Aber er erinnerte sich, daß seine Großeltern noch Briefe in dieser Schrift gewechselt hatten; einige alte Prager Juden kannten sie noch. In diesem Lager des Haschomer habe ich einige Lieder gelernt, habe gelernt, wie man die Hora tanzt, habe gelernt, welche rituellen Gebote bei Geburt und Tod, bei der Bereitung der Speisen und beim Einhalten des Schabbath zu beachten sind: Viele Dinge habe ich mir bis heute gemerkt.

Nicht bewußt ist mir damals allerdings geworden, daß der Tonfall des Jiddischen oder besser des sogenannten Jargons, einer Mischung von Deutsch und Jiddisch, ansteckend ist wie Masern. Man kann nicht wochen-, ja monatelang mit jargonsprechenden Juden zusammenkommen, ohne ihren Tonfall anzunehmen. Darüber gibt es sogar eine hübsche Anekdote:

Der Sohn des Moische Levinson jüdelt fürchterlich. Um ihm das abzugewöhnen, bringt ihn der Vater in ein Piaristen-Internat. Nach einem Jahr holt er seinen Sprößling ab, klingelt an der Pforte und fragt den bärtigen Pater, wo sein Sohn sei. Da antwortete ihm der Alte: „Die Jingelachs spülen sach im Garten."

Als ich während dieser Zeit einmal in Prag zu einem kurzen Besuch bei meinen Eltern war, traf ich zufällig einen ehemaligen Mitschüler aus dem Stephansgymnasium, den dicken Kohn. Nun, der Kohn sah wirklich so aus, wie man aussehen soll, wenn man so heißt. Und er sprach auch so; seinen Worten verlieh er beredten Ausdruck mit allen Händen, die ihm zur Verfügung standen. Als er mich fragte, was ich so treibe und ich ihm zu erzählen begann, wo ich jetzt sei und wie es mir gehe, unterbrach er mich erschrocken: „Fuchs, nicht so laut, du jiedelst schrecklich!" Das Wort „schrecklich" stieß er aus im Brustton der Überzeugung.

Wenn man sechzehn ist und auf ein Zeltlager stößt, in dem es nicht nur Jungen, sondern auch Mädchen gibt, ist es nicht so ungewöhnlich, wenn einem eins von diesen Mädchen besonders gefällt, wenn man sich also nicht mehr allein auf den Abend mit einer Hebräisch-Unterrichtsstunde freut, sondern auch und besonders darauf, ein ganz bestimmtes Gesichtchen wiederzusehen, eine Hand ergreifen zu können, ganz zart über den Saum eines Kleides zu streicheln, so sanft, daß die Trägerin des Rockes nur ja nichts davon verspürt, eine ganz bestimmte Stimme zu hören, beim kleinen glucksenden Lachen zu erbeben. Sie hieß Alice – alle nannten sie Lizzy. Ihr Vater, ein begüterter Mann, war noch kurz vor dem Anschluß Österreichs an das Deutsche Reich nach England gegangen, um dort den Umzug der Familie vorzubereiten; die Mutter war daher noch in Wien geblieben, hatte aber ihre beiden Töchter in die damals noch unabhängige, benachbarte Tschechoslowakei zu Verwandten nach Prag geschickt.

Lizzy habe ich dann in Prag wiedergesehen – die anderen nicht. Denn es kam, wie es ja eigentlich kommen mußte: Eines Abends fand ich da, wo gestern noch ein Lager mit Büchern und Gerät, mit Feuern und lachenden Jungen und Mädchen gewesen war, eine kahle Fläche mit einigen schwarzen Brandstellen und vertrockneten Grasnarben. Die Gestapo hatte das Lager entdeckt und die Leute ausgehoben. Wen sie für dumm und jung befanden, schickten sie nach Hause – noch war die Zeit der Endlösung nicht gekommen, und außerdem konnten sie ja jeden immer wieder bekommen, wenn sie ihn haben wollten. Die Instrukteure aus dem Eretz Israel beließen sie bei sich. Keiner von ihnen ist in das Land zurückgekehrt, das er freiwillig verlassen hatte, um seinen jungen Brüdern, um seinen jungen Schwestern den Weg in die Freiheit zu weisen.

Nicht lange darauf erkrankte eines unserer Mädchen an spinaler Kinderlähmung. Zufällig hörte ich, wie der Arzt dem Pfarrer erzählte, daß es um die Kranke sehr schlecht stehe – er solle doch für alle Fälle dem Kind die heiligen Sakramente spenden. Aber er möge sich beeilen, denn er – der Arzt – müsse unverzüglich die Quarantäne über den Hof und alle, die dort arbeiteten, verhängen lassen.

Nie ist in mir ein Entschluß schneller gereift als damals. Viel zu packen hatte ich nicht; ich bin kaum je so schnell auf einem Bahnhof gewesen wie damals. Denn spinale Kinderlähmung: Das war in jener Zeit wie eine Pest oder wie Lepra – man konnte in einer Quarantäne nur hoffen, daß man sie nicht bekam.

Das kleine Mädchen mit den lustigen schwarzen Zöpfen ist damals auch wirklich gestorben; zwei andere, ein Jungknecht und eine Magd, erkrankten – ob sie sich erst ansteckten oder schon angesteckt waren, weiß ich nicht. Sie haben aber überlebt.

Aber so kam ich nach Prag zurück – es hatte ohnehin keinen Sinn mehr, die Landwirtschaft erlernen zu wollen. Wo hätte ich schon Bauer werden können? Und mein Leben lang Knecht bleiben wollte ich nicht.

Das Ende des Paul Fantl (ca. 1936–1944)

Als die beiden 1920 in Wien heirateten, gab es eine Mischehe in doppeltem Sinne: Der Bräutigam war evangelisch und stammte aus Prag, war daher tschechoslowakischer Staatsangehöriger, die Braut war streng katholisch erzogen, war Wienerin und daher Österreicherin. Das Staatsangehörigkeitsproblem löste sich von allein. Durch Heirat erwarb die frisch gebackene Frau Fantl die Staatsbürgerschaft des nördlichen Nachbarlandes. Das machte nichts aus, hatte man doch noch bis vor zwei Jahren unter einem gemeinsamen Kaiser zusammengehört, und jeder dritte Wiener hatte ohnehin einen tschechischen Namen. Darüber hinaus war Herr Fantl Prager Deutscher, dessen Akzent schon fast ein wenig wienerisch klang. Das Problem der religiösen Mischehe hatte der Braut mehr zu schaffen gemacht; hätte sie ihrem Bräutigam das Ja-Wort doch so gern in einer schönen Wiener Barockkirche gegeben! Aber ökumenische kirchliche Trauungen gab es damals noch nicht im erzkatholischen Österreich – also mußte man die Ehe vor einem mit Halskette geschmückten Standesbeamten schließen. Aber da beide ihrer Religion treu zu bleiben gedachten, gelobten sie sich, daß ihre Kinder in dem Glauben getauft werden sollten, dem ihre Eltern anhingen. Sollte ihr Kind einmal ein Mädchen sein, würde es katholisch, sollten sie einen Jungen bekommen, würde er im evangelischen Glauben erzogen. Als ein Junge zur Welt kam – das war im Jahre 1923 –, ließen ihn die Eltern, die inzwischen nach Prag umgezogen waren, in der wunderschönen alten gotischen Kirche der deutschen evangelischen Gemeinde in der Gerbergasse auf den Namen Paul unter einem Altarbild taufen, auf dem der Heiland mit solch gütigen Blicken dargestellt war, daß man wußte: Unter seinem Schutz könne einem gar nichts Böses geschehen. Aber als nach drei Jahren kein Mädchen, sondern wieder ein Junge geboren wurde und Frau Fantl doch so gern ein Kind katholisch erzogen hätte – denn sie war sehr gläubig und der Kirche verbunden –, einigten sich die Eltern, der zweite Junge könnte ja katholisch getauft werden. Sollten er oder sein älterer Bruder später einmal zum Glauben des anderen wechseln wollen, würden ihnen die Eltern kein Hindernis in den Weg legen. Und so wurde der zweite Sohn in der ehrwürdigen St. Salvator-Kirche neben dem Eingang zum Universitätsareal, dem Clementinum, gegenüber dem Altstädter Brückenkopf auf den Namen Peter getauft.

Vilém Fuchs und Paul Fantl, 1943

Herrn Fantl ging es gut in Prag; als Schneidermeister hatte er die Ballonseide entdeckt; ein Regenmantel aus diesem Stoff wurde zum Traum vieler junger Männer, die wenigstens mit ihrer Hülle jungen Damen imponieren wollten. Und so kleidete Herr Fantl die jungen Dandys – oder wenigstens solche, die sich dafür hielten – ein, vergrößerte seine Werkstatt und hatte allen Grund, sich seines Lebens und des Segens, der offensichtlich auf ihm, seiner Familie und seiner Arbeit ruhte, zu freuen.

Die Fantls waren zwei Jahre nach uns in der Svihanka eingezogen; die Wohnung im zweiten Stock direkt über uns war freigeworden. Ich müßte lügen, sollte ich Herrn Fantl beschreiben. Wir bekamen ihn kaum zu Gesicht. Mir scheint, er war mit seiner Werkstatt verheiratet. Frau Fantl war eine große, freundliche Dame, die das Regiment zu Hause fest im Griff hatte. Mit Paul, der so alt war wie ich, befreundete ich mich schnell. Der jüngere Bruder Peter war ein eher verschlossener, stiller Junge, mit dem ich nicht so viel Kontakt hatte. Er war sehr religiös erzogen worden. Seine ganze Sehnsucht war, einmal Priester werden zu können. Kein Sonntag, an dem der Junge nicht die Messe in der Georgskirche besucht hätte. Er war glücklich, wenn er als Meßdiener am Gottesdienst teilnehmen konnte. Paul war anders geraten: Er war hoch aufgeschossen, dabei dünn, labil, in sich gekehrt. Sein Gesicht war eingefallen, er blickte mit zusammengekniffenen Augen, die wie Schlitze wirkten, in die Welt. Dabei waren seine Augen gar nicht schlitzförmig – er verdeckte nur seinen Blick vor dem zupackenden Auge der anderen. Er mochte nicht, daß man in ihn hineinsah – eben, weil er unsicher war. Nur ganz ausgeglichene, selbstsichere Menschen gestatten der Umwelt, in ihnen zu lesen. An mich klammerte sich Paul. Wir pilgerten gemeinsam durch die Prager Gäßchen, unterhielten uns über die Dummheiten, die Jungen im Alter, in dem sie aufgehört haben, Kinder zu sein, aber noch keine Männer sind, eben für wichtig halten und die aus ihrer Sicht ja auch schrecklich wichtig sind, guckten abends in den Himmel und lauschten im Riegerpark auf Geräusche, die darauf schließen ließen, daß die Soldaten und die Dienstmädchen, die sich hinter den Magnolienbüschen und den Schlehdornhecken befanden, Dinge taten, von denen wir dringend gern mehr gewußt oder bei denen wir wenigstens gern zugeschaut hätten. Aber erstens war es im Riegerpark zu dunkel, zweitens fürchteten wir uns vor einer Tracht Prügel, denn die Soldaten – das wußten wir – hatten im Unterschied zu uns hoch entwickelte Bizepse, und drittens waren wir eben gut erzogen, leider.

Doch es kam eine Zeit, da ich Paul ganz offen beneidete: Seine Mutter hatte herausgefunden, daß es dem scheuen Jungen gut täte, wenn er zu einer größeren Gemeinschaft junger Menschen gehörte. So wurde Paul Boy-Scout, Pfadfinder. Und das in einer Einheit, die jedes Jungen und jedes Mädchen Herz höher schlagen ließ, besonders bei einer so „seefahrenden" Nation, wie es die Böhmen von Natur aus nun einmal sind. Ein Volk, dessen Hauptgruß „Ahoj" ist, ist wie vorbestimmt dazu, einen Ozean mindestens sein eigen zu nennen. Leider sind die Tschechen bei der Verteilung der Erde zwischen Böhmerwald, Erzgebirge, Riesengebirge und böhmisch-mährischer Höhe gelandet. Von Meer keine Spur. Paul wurde also Wasser-Scout. Er sah prächtig aus in seiner Uniform mit der Matrosenmütze, die am besten zur Geltung kam, wenn seine Einheit ein Boot besetzte und auf der Moldau vom Kai unter dem Wischehrad bis nach Stechovitz ruderte. Ich bin nicht so sicher, ob er gut aussah in der Matrosenkluft oder ob die Kluft schön war, obwohl Paul drin steckte: Tatsache ist, daß sie für ihn wie eine Art seelisches Korsett wirkte. Das tun Uniformen allemal. Es ist kein Wunder, daß sich Diktatoren so liebend gern in Uniformen zeigen oder sich sogar – obwohl sie keine echten Militärs sind – Bekleidungsstücke schneidern lassen, die wie Uniformen aussehen. Ein richtiger General ist einer, der auch noch einer ist, wenn er die Uniform ausgezogen hat. Wie es auch gilt, daß ein echter Zivilist einer ist, der sich die schmuckste Uniform der Welt anziehen kann und dem man dennoch ansieht, daß er von unten und oben – also vom Wesentlichen im militärischen Dasein – keine Ahnung hat.

Paul also stolzierte in seiner Boy-Scout-Uniform und ich neben ihm her. Von besonderer Bedeutung wurde seine Pfadfindereigenschaft für uns beide in den aufgeregten Tagen vor und um München 1938. Damals hatte die tschechoslowakische Regierung die Mobilmachung verkündet. In Rekordzeit waren die Männer zu ihren Einheiten geeilt. Jede Stunde erwartete man in Prag den Angriff der deutschen Luftwaffe – über den aggressiven, unmoralischen Charakter Hitler-Deutschlands machte man sich damals keinerlei Illusionen.

Man hatte das Gebrüll des großdeutschen Führers im Rundfunk vernommen und ihn selbst in der Wochenschau gesehen, wie er von der „gequälten, gehetzten deutschen Kreatur" in der „Tschechei" sprach, wie er die Tschechen beschuldigte, wehrlose Deutsche zu Paaren zu treiben und auszurotten. Und wir, die wir doch in diesem Lande lebten, deutsche Schulen besuchten, deutsch sprachen, ins deutsche Theater gingen, jeden

Tag deutsche Zeitungen lasen, hatten von all' dem nichts bemerkt. Man spürte, und die Tschechen noch stärker als wir, daß hinter den bösen Verleumdungen eine böse Absicht steckte, daß der Wolf daran war, seine bisherigen Erfolge abzurunden, diesmal auf Kosten des östlichen Nachbarstaates, dessen Existenz ihn störte zwischen dem großdeutsch gewordenen Österreich und dem sächsischen und schlesischen Teil seines Reiches.

Man konnte damals die Spannung förmlich mit Händen greifen. Die Schulkameraden aus dem Sudetenland hatten sich, dem Aufruf des Reichsrundfunks und den Anweisungen der SdP, der Henlein-Partei, folgend, in ihre Heimatorte oder mit ihren Eltern ins Reich abgesetzt. Viele Unterrichtsstunden – ich besuchte damals das Deutsche Staatsrealgymnasium in der Stefansgasse – waren ausgefallen, stündlich verkündete der Prager Rundfunk nach unendlichen Wiederholungen der ersten Takte von Smetanas „Moldau" neue Nachrichten: Anweisungen, wo man Gasmasken bekommen könnte, welche Lebensmittel man vorrätig haben sollte und vor welchen Hamsterkäufen gewarnt würde, welche Eisenbahnzüge zur Verfügung stünden, um Kinder im dörflichen Umfeld von Prag vor einem drohenden Angriff der Deutschen in Sicherheit zu bringen: nach Cakovice, nach Neratovice, nach Chuchle, nach Tschertschany …

Dann folgten Anweisungen, wie die Fenster zu verdunkeln seien. Allgemein wurde angeordnet, die Scheiben durch das Überkleben mit gekreuzten Papierbändern zu schützen. Polizei und Militär karrten Sandsäcke heran, mit denen man die wichtigsten Baudenkmäler und Statuen der Stadt zu schützen gedachte. Es war unglaublich, wie diszipliniert die Bevölkerung den Anweisungen Folge leistete. Eine Nation, der nichts übrig geblieben war in Österreich-Ungarn, als den Swejk zu spielen, hatte ihre hussitische Vergangenheit wiederentdeckt. Sie wußte, daß es jetzt um alles ging, um die Existenz, um die Zukunft der Nation selbst.

Überall, wo etwas geschah, war Paul mit mir dabei. Wir schleppten Sandsäcke, überbrachten irgendwelche Meldungen irgendwelchen Kommandanten. Prag war unter militärisches Regiment gestellt worden, und wir patrouillierten abends und in der Nacht, ob alle Fenster verdunkelt seien, ob es nirgendwo Störungen gäbe, ob niemand unsere Hilfe brauchte …

Die von ihren britischen und französischen Verbündeten unter massiven Druck gesetzte Prager Regierung verhandelte derweil fieberhaft. Sie ging auf eine Forderung der Henlein-Partei nach der anderen ein, obwohl die Forderungen, Hitlers persönlicher Weisung an Konrad Henlein entsprechend, immer so formuliert waren, daß sie Prag eigentlich nicht nehmen konnte, wie zum Beispiel die Forderung nach vollständiger Autonomie und nach Einführung der Nürnberger Rassegesetze in dem von Deutschen besiedelten tschechoslowakischen Staatsgebiet. Doch Prag akzeptierte, was sich überhaupt annehmen ließ. Alles nur, um die Integrität des tschechoslowakischen Staatsgebietes zu retten. Es war umsonst: In München einigten sich die europäischen Mächte, Deutschland unter Adolf Hitler, Italien unter Benito Mussolini, Großbritannien mit seinem Premier Sir Neville Chamberlain und Frankreich mit Ministerpräsident Edouard Daladier, das Sudetenland von der Tschechoslowakei abzutrennen und es Hitler zu übergeben. Die Prager Regierung war weder in die Verhandlungen einbezogen worden noch hatte man ihren Protest zur Kenntnis genommen.

An den Tag der Kapitulation erinnere ich mich genau. Es war, als ob sich die Menschen hinter einem Schleier bewegten. Der Briefträger brachte die Post, während er still vor sich hinweinte. Die Polizisten regelten den Verkehr, ohne zu schauen, was überhaupt auf der Straße geschah. Die Menschen bewegten sich wie Marionetten. Es schien alles verloren, nein, es schien nicht, es war alles verloren. Die Zeitungen brachten auf der ersten Seite nur eine Nachricht: „Zrada" – Verrat und „Kapitulace" – Kapitulation. Hinter den Scheiben der Buchhandlungen erschienen die ersten Karten: So also hatte von nun an die „neue" Tschechoslowakei auszusehen (denn von nun an schrieb man den Namen des Staates nicht mehr zusammen wie bisher, sondern auf Wunsch der klerikal-faschistischen national-slowakischen Hlinka-Partei, die in Preßburg das Sagen hatte, mit einem Bindestrich), eine Art Bandwurm, dem Deutschen Reich auf Gedeih und Verderb ausgeliefert. Ah, so hörte man die Leute vor den Karten sagen, also bis hierher reicht ihre Grenze jetzt: Das Prager Wasserwerk liegt nun in Deutschland, alle Verteidigungslinien sind weg, wer nach Taus von Pilsen fahren will, muß eine Strecke benutzen, die über Reichsgebiet führt. Nördlich von Melnik ist jetzt schon Deutschland – die Menschen konnten es nicht fassen, daß an diesem Tage ein Land zerrissen, zugrunde gegangen war, das tausend Jahre mitten in Europa bestanden hatte.

Jetzt erst erfuhr man etwas über die beschämenden Umstände, unter denen München zustande gekommen war; daß die Herren die tschechoslowakische Delegation nicht einmal zum Konferenzort vorgelassen hatten, daß man sie hatte im Hotel ohne Informationen, geschweige denn

Konsultationen sitzen lassen, daß den Tschechen am Schluß nicht etwa Hitler, sondern ein gähnender Chamberlain gelangweilt mitgeteilt hatte, „that all was over", und ein aufgeregter Daladier sie hatte abblitzen lassen, sie sollten nicht weiter stören. Man erfuhr, mit welch' beschämenden Bedingungen das Abkommen garniert worden war. Alle militärischen Anlagen mitsamt Gerät und Logistik im abgetretenen Bereich waren unbeschädigt der vorrückenden deutschen Wehrmacht zu übergeben. Zur Gewährleistung einer tadellosen Übergabe hatten die tschechoslowakischen Befehlshaber mit dem Feind aufs engste zusammenzuarbeiten. Schon wurden Stimmen laut, daß man sich von nun an überhaupt mit diesem Feind gut stellen sollte, schon aus eigenem Interesse. Denn wer hätte uns eigentlich verraten? Seien es nicht die gewesen, für die man vom Anfang der Republik an die Kastanien aus dem Feuer geholt habe? Hätte man nicht deren Politik betrieben, anstelle von Anfang an dasselbe Lied wie Hitler zu pfeifen? Was hätte man von dieser Scheißdemokratie gehabt? Ich zuckte zusammen, als ich einen Mann sagen hörte, das alles sei eine „zidárna", eine Juderei. Es war mir genau so wie damals, vor vielen Jahren, als wir noch in Saarbrücken mit einigen Jungen zusammengestanden und überlegt hatten, wie wir den „Gegner", der sich von hinten an uns heranpirschte, überlisten sollten und Ewald, der große Junge von gegenüber, mit einem spähenden Seitenblick vor „Verrätern" gewarnt hatte: es seien „Juden im Schiff". „Zidárna" heißt nicht, daß in eine Gaunerei Juden unmittelbar verwickelt sein müssen – der Name „Juden" steht für Gaunerei. Aber wie leicht werden dann in Wirklichkeit Juden für jegliche Gaunerei verantwortlich gemacht, da vom Namen auf den Urheber direkt geschlossen werden kann. „Zidárna" – es sollten keine zwei Monate ins Land gehen, und die Schuldigen, die Juden nämlich, würden auch hier gefunden worden sein. Benes, der Repräsentant des gerade zugrunde gegangenen Staates, würde nicht mehr mit dem freundlich klingenden Eda für Edvard genannt, sondern unter dem Davidstern als Ben-Esch-Eda, als Judenknecht, dargestellt werden. Von Masaryk, dem weisen Staatsgründer, würde behauptet werden, er sei das uneheliche Kind eines jüdischen Gauners gewesen. Capek, der militante Republikaner und Demokrat, der seine großartige Feder ganz der Verteidigung der Republik zur Verfügung gestellt hatte, würde von einer faschistischen Meute zu Tode gehetzt werden.

München war wie ein Schlag ins Gesicht. Was gestern noch gegolten hatte, war heute in den Schmutz getreten worden. Vorstellungen von

Anstand, von Würde, von Vertrauen – und umgekehrt von Gemeinheit, Brutalität, Boshaftigkeit – waren hinfällig geworden, hatten einen neuen Inhalt bekommen. Einer der größten Dichter der Tschechen drückte seine Verzweiflung in einem Gedicht aus, das bald in aller Munde war, es hieß „Zrady zvon" – die Glocke des Verrats. „Das süße Frankreich und das stolze Albion – es klingt die Glocke des Verrats – und wir haben sie geliebt!"

Den ganzen Tag und die nächsten Tage sind wir unterwegs, sammeln Neuigkeiten. Paul hat Dienst auf dem Wilsonbahnhof, auf jenem Bahnhof, der zu Ehren des Präsidenten der Vereinigten Staaten benannt worden war. Jenes Präsidenten, auf dessen 14 Punkte der Selbstbestimmung der Nationen sich die Tschechen und Slowaken berufen hatten, als sie in den Verträgen von St. Germain und Trianon die Errichtung eines eigenen Staates durchsetzen wollten. Als im März 1939 die Deutschen auch in der Rest-Tschechoslowakei einrücken, bestimmen sie, daß der Wilsonbahnhof Hauptbahnhof zu heißen habe. Das Selbstbestimmungsrecht der Völker ist von nun an nicht mehr gefragt, es ist kein Thema mehr. Hauptbahnhof heißt er übrigens heute immer noch – aus demselben Grund. In den Tagen nach München treffen auf dem Wilsonbahnhof die ersten Flüchtlinge aus dem Sudetengebiet ein, Tschechen und Deutsche, die von den Nazis vertrieben worden sind oder die vor dem braunen Terror geflüchtet sind. Da sitzen sie nun, Sozialdemokraten und Kommunisten, Liberale und Demokraten, die ersten Vertriebenen des Zweiten Weltkrieges, denn für diese Menschen hat der Krieg bereits begonnen. Für sie ist die erste Schlacht schon geschlagen, die Schlacht, in der sie geschlagen wurden, ohne einen Schuß abgegeben zu haben. Wer hätte in diesem Augenblick gedacht, daß einige Jahre nur vergehen würden, lange Jahre wohl im Leben der Menschen aber wie ein Funken nur im Ablauf der Zeiten, und ihre Vertreiber würden auf denselben Köfferchen mit derselben armseligen Habe hocken, um nun ihrerseits in jene Richtung vertrieben und hinausgejagt zu werden, aus der sie diese Flüchtlinge von heute vertrieben und hinausgejagt hatten!

Wir gehen von einer Gruppe zur anderen, bringen Kaffee und Brötchen. Das Rote Kreuz ist überall. Viele sind glücklich, daß sie hier deutsch empfangen werden. Unter den Flüchtlingen auf dem Bahnhof gibt es auch etliche Emigranten aus Deutschland, die in panischer Angst vor ihren Henkern ins Landesinnere geflüchtet sind. Sie kennen das Schicksal des Theodor Lessing, den die braunen Gangster auf tschechoslowakischem

Boden haben meuchlings abschießen lassen. Sie machen sich keine Illusion darüber, was für ein Schicksal ihnen zugedacht wäre, fielen sie den Braunhemden in die Hände. Wer von ihnen mag geahnt haben, daß in kaum fünf Monaten die Falle zuklappen würde und sie auf Gnade und Ungnade, das heißt auf Ungnade, ihren Häschern ausgeliefert sein würden!

Die ersten demobilisierten tschechischen Soldaten kehren heim, sie gehen gesenkten Hauptes. Man hat ihnen verwehrt, ihrem Fahneneid getreu das Vaterland zu verteidigen. Die Leute sehen sie nicht an, sie wissen, daß die armen Kerle nichts dafür können, die Gemeinen, die Gefreiten, Rottmeister und Leutnants, mit ihren gelben Aufschlägen von der Kavallerie, den roten von der Artillerie, den blauen von der Flugwaffe. Man hatte die tschechoslowakische Armee für eine der besten in Mitteleuropa gehalten, ihre höheren Offiziere hatten ihr Handwerk auf der französischen Kriegsakademie gelernt: Und nun dieser schändliche Auszug aus den Kasernen, Kasematten, Bollwerken und Verteidigungsbunkern, die in dreifacher Staffelung Böhmen und Mähren gegen Norden und Westen, nicht aber gegen Süden und Nordosten geschützt und daher wirkungslos geworden waren, als sich Polen in letzter Minute auf die Seite der Beutejäger geschlagen hatte. Da saßen sie nun, die Verteidiger des Vaterlandes, wußten nicht, wohin mit ihren Händen, mit ihren Füßen, mit ihren Bajonetten – denn diese hatten sie mitnehmen dürfen.

Dann verließ ich Prag – erst nach mehr als einem Jahr sollte ich Paul und seine Familie wiedersehen. Inzwischen hatte ich als Knecht auf dem Gut gearbeitet, hatte neue Menschen kennengelernt, hatte vieles gesehen, was ich zu Hause nie erlebt hätte. Mein Vater hatte währenddessen seine Arbeit verloren – in doppelter Funktion sozusagen: Als Jude und als deutscher Emigrant kämpfte er vergeblich an gegen tiefe Depressionen, die ihn am Leben verzweifeln lassen wollten. Wir hatten mein kleines Schwesterchen, die Adele, genannt Seelchen, weggeben, um sie vor einem Schicksal zu bewahren, das mein Vater vorhersah (und worin er recht behalten sollte). Ich war Schreiner geworden, der Krieg war ausgebrochen, die Judengesetze waren im Protektorat Böhmen und Mähren eingeführt worden.

Und da brach ein Unheil über die Fantls ein, das so grausam, so unbegreiflich, so irrational war, daß sich die Vernunft sträubte, auch nur die Spur eines Sinns in ihrem Schicksal zu sehen. Ob er es zur Ausstellung einer Protektoratsbürgerlegitimation oder wegen einer Eintragung im Handelsregister gebraucht hatte, wer weiß: Jedenfalls hatte Herr Fantl einen Ariernachweis beibringen müssen. Dazu bedurfte es der Bestätigung, daß seine Eltern nie Mitglieder einer jüdischen Glaubensgemeinschaft gewesen waren. Diese Bescheinigung erhielt er leicht, denn es war wahr: Er war in einem streng gläubigen protestantischen Haus aufgewachsen. Der Nachweis genügte jedoch nicht den Anforderungen des Gesetzes. Es galt zu belegen, daß mindestens zwei Großelternteile nicht jüdisch gewesen waren. Für den Herrn Fantl brach eine Welt zusammen, als er feststellte, daß seine Großeltern väterlicherseits Juden gewesen, allerdings schon in der ersten Hälfte des 19. Jahrhunderts, also zu Zeiten Metternichs, zum Christentum übergetreten waren. Schlimmer noch war, daß auch ein Elternteil mütterlicherseits, die Mutter seiner Mutter nämlich, zu eben derselben Zeit den christlichen Glauben angenommen hatte. Nie hatten seine Eltern darüber gesprochen; es ist sogar wahrscheinlich, daß sie selbst nie etwas darüber erfahren hatten, da sowohl die Eltern seines Vaters wie die der Mutter Christen geworden waren. Herr Fantl war nun nach dem Gesetz Jude, ein Mann aus durch und durch evanglischem Haus, der mit Juden höchstens als Geschäftspartner zu tun gehabt hatte und den mit dem Judentum nichts, aber auch gar nichts verband! Herr Fantl also ein Jude! Das war nicht nur eine Frage der gesellschaftlichen Stellung, das war gleichzeitig eine durch und durch prosaische, banale Frage der Existenz. Denn als Jude durfte er keine Schneiderei mehr betreiben, nichts!

Doch das Unglück nahm seinen Lauf. Die Behörden, erst einmal mißtrauisch geworden, verlangten nun auch von der Ehefrau des Herrn Fantl, von unserer Nachbarin also, ebenfalls den Ariernachweis. Und es kam heraus, daß auch sie nicht reinrassig war. Sie war nach den Nürnberger Gesetzen ein Mischling ersten Grades, da sowohl ihr Vater wie auch ihre Mutter, obwohl zeitlebens streng katholisch, Mischlinge ersten Grades gewesen waren. Es ist für die Nachgeborenen schwer verständlich, aber es war so: Nicht allein wessen Vater, sagen wir, Jude und wessen Mutter Arier war, galt als Mischling ersten Grades, sondern auch jener Nachfahre, dessen Eltern Mischlinge ersten Grades gewesen waren. Das alles hätte Frau Fantl verschmerzen können. Bis ins Jahr 1944 blieben Mischlinge ersten Grades von der Ausrottungsmaschinerie unbehelligt, hatte doch das Rasse- und Siedlungshauptamt der SS alle Hände voll damit zu tun, die Volljuden umzubringen. Das Furchtbare aber war, daß ein Mischling ersten Grades, ohne Rücksicht auf Religionszugehörigkeit, Erziehung und Bewußtsein, der mit einem Juden verheiratet war – und Herr Fantl war ja eben erst zum Juden erklärt worden –, nach dem verbindlichen Kommentar zu jenem Nürnberger Gesetz, den ein gewisser Herr Globke ganz weit weg von Prag im Schweiße seines Antlitzes ausgearbeitet hatte – auch als Jude galt. Und so wurde Frau Fantl plötzlich Jüdin, sie, die in ihrem Leben niemals mit einem Juden in Berührung gekommen war! Aber wessen Eltern Juden waren, der war selbst auch Jude. Paul wurde Jude, Peter wurde Jude. Es wurden zu Juden gemacht die jungen Menschen, deren Eltern immer und deren Großeltern bis zurück in die Zeit der Niederschlagung des Prager Aufstandes 1848 durch Windischgrätz immer Christen – die einen evangelische, die anderen katholische Christen – gewesen waren. Und als die Juden Sterne tragen mußten, mußten auch sie, alle vier, mit Sternen ausgehen, wenn sie sich überhaupt wagten, mit dem Zeichen der Schande auf der Straße zu erscheinen. Das ist nämlich so eine Sache: Wer als Jude, wer als Zigeuner, wer als Neger in einer Apartheidsgesellschaft (und dies nicht allein in Südafrika!) zur Welt gebracht wird, saugt fast schon mit der Muttermilch gewisse Erwartungen, gewisse Verhaltensformen, gewisse Abwehrstellungen in sich auf. Er wird schon in der Wiege Teil der Geschichte seines Volkes. Er wird Erbe aller Schmach und Unterdrückung, die seinem Geschlecht in Jahrtausenden zuteil geworden sind. Wer aber ohne diesen langsamen Immunisierungsprozeß durchgehalten hat, also ohne in sich die notwendigen Antitoxine gebildet zu haben, plötzlich hinunter gestoßen wird unter die Halbmenschen, die Untermenschen, den Bodensatz, unter jene, die straflos geprügelt und gestoßen werden dürfen, denen jeder Gassenjunge Schimpfwörter nachschreien kann ohne befürchten zu müssen, daß er dafür geohrfeigt würde, unter jene, für die weder Gesetz noch Recht noch Schutz noch Würde gilt – der wird vernichtet. Oh nein, ich meine nicht das Untertauchen eines, der die Rückfahrkarte nach oben in der Unterhose eingenäht hat, nicht Besucher mit einem befreienden Paß in der Tasche, nicht jenen Wohlmeinenden, für den das Elend und die Diskriminierung letzten Endes doch nur eine Art Theater sind, in dem man selbst wohl eine Rolle spielt, die man aber mit dem Kostüm ablegen kann. Ich meine hier den Untergang für immer, das hoffnungslose Versinken in einer Schlucht, die senkrecht nach unten schießt und nirgendwo endet.

Der einzige, dem es noch einige Zeit gelang, sich im eisigen Gestein festzukrallen, war der Jüngste, der so gern Priester geworden wäre. Angetan mit dem Judenstern ging er in die Kirche, und mit dem Judenstern auf dem Meßgewand assistierte er dem Priester beim Hochamt. Sein Angesicht war noch verschlossener, noch nach innen gekehrter geworden. Hatte Christus sein Kreuz auf dem Rücken getragen: Dieser Junge trug es als Davidstern auf der linken Brustseite seines Gewandes. Da er noch fast ein Kind war, glaubte er an die Kraft seines Widerstandes, an die moralische Würde seiner Rebellion. Es genügte eine kurze, argumentative Unterhaltung der für Kirchenangelegenheiten zuständigen Abteilung der Gestapo im ehemaligen Petchekpalais in der Nähe des Stadtparks mit dem Kaplan, der der väterliche Freund unseres Peters gewesen war – und der Priester bat den kleinen Juden, von nun an im Interesse der Kirche und der Gemeinde an der Messe als Diener nicht mehr teilzunehmen. Ich weiß nicht, ob Peter jemals begriffen hat, warum im Zwiespalt zwischen Christus und der Kirche, im Zwiespalt zwischen der Anweisung von Gottes Sohn und der Lehre der Kirche immer das Interesse der Kirche die Oberhand haben muß.

Im Morgengrauen des Monats September klingelte es dann wieder einmal an der Tür unseres Hauses. Und wieder duckten wir uns in unseren Betten, und wieder öffnete Frau Skudrnová, die Hausmeisterin, das Tor zum Haus mit der Konskriptionsnummer 1550 in der Straße Na Svihance 4, und wieder kamen Schritte nach oben, blieben ein Weilchen vor unserer Tür stehen, gingen dann jedoch weiter, bis wir hörten, daß die mit Sonderausweisen ausgestatteten jüdischen Boten (Juden durften nach 20 Uhr bis morgens um 6 Uhr nicht auf die Straße ohne Sonderausweis) bei Fantls stehengeblieben waren und dort die Klingel gedrückt hatten. Von oben hörten wir nichts, keinen Aufschrei, kein Wort. Die Tür wurde geöffnet, die Gestellungsbefehle wurden entgegengenommen, die Boten kamen zurück und verließen das Haus.

Am dritten Tag gingen die vier Juden Fantl, von denen keiner ein Jude war, in den Transport. Sie kamen nach Theresienstadt, in jenes Lager, das als Zwischenstation zum Weitertransport in die Lager Osviecim, Brzezinka, Majdanek, Treblinka und gleichzeitig als Vorweislager zum Beweis großdeutschen Humanismus' gegenüber den Juden bei deren Endauflösung vorgesehen war.

Eines Tages war Paul Fantl verschwunden. Man merkte es beim Appell. Nach zwei Tagen hatte man ihn wieder. Es war ihm wohl gelungen, nach draußen zu gelangen – aber er hatte nicht mehr laufen können, und darüber hinaus hatte er eigentlich gar nicht gewußt, wohin er hätte fliehen sollen. Als man ihn zum Galgen brachte, fiedelte eine Kapelle

das fröhliche Lied „Alle Vöglein sind schon da, alle Vöglein alle …"
Um den Galgen herum hatte die SS die Juden im Karree aufgestellt zur
Warnung, was mit jedem geschehen würde, der jemals zu fliehen ver-
suchen würde.

In die erste Reihe, direkt vor den Galgen, hatten sie den Vater und die
Mutter des Hinzurichtenden hingestellt und daneben seinen Bruder.
Damit sie alles auch schön sehen könnten.

Und so wurde mein Freund Paul gehenkt.

Seine Eltern und sein Bruder Peter kamen nach Brzezinka-Birkenau, wo
sie in ein altes Bauernhaus getrieben wurden, das fugendicht hergerichtet
war. Es faßte gleichzeitig eintausendfünfhundert Menschen. Dort wurden
sie vergast. Dann wurden sie verbrannt. Ihre Asche wurde, wie der
Kommandant des Lagers Auschwitz, Rudolf Höss, vermerkt, „zu Staub
zerkleinert und an abgelegenen Stellen in die Weichsel geschüttet und
durch die Strömung mitgerissen".

Die kleine Wanda und der kleine Pavel Bloch

Es war ein gutbürgerliches Haus in einem gutbürgerlichen Viertel, in dem wir damals wohnten. Es war erbaut worden zur Jahrhundertwende, als die tschechische Bourgeoisie zu Geld und Einfluß gekommen war und das dringende Bedürfnis verspürte, ihr Geld nicht nur nutzbringend anzulegen, sondern ihren Einfluß und edlen Geschmack auch richtig darzustellen. Wo es zu echtem Marmor nicht langte, klebte man barbrüstige Damen aus Stuck zu beiden Seiten der Haustüren, die man wie Portale hergerichtet hatte; über den Fenstern hatte man griechische Baldachine und zwischen ihnen Girlanden aus Gips und Zement angebracht, vom bedeutendsten Zimmer der Wohnungen – jedenfalls bis zum zweiten Stockwerk – führte eine Tür zu einem mit Ziergitter versehenen Balkönchen, das früher dazu gedient haben mochte, im Winter erlegte Hasen abhängen zu lassen oder den Eimer mit dem Putztuch abzustellen. Wirklich Reiche wohnten hier nicht: Die Königlichen Weinberge waren das Quartier jener Schicht, die man eben gutbürgerlich nannte und von der man annahm, daß sie ihr Geld nicht durch das Schneiden von Coupons, sondern durch normalere Arbeit verdienen mußte. Im Haus nebenan hatte ein Kohlenhändler sein kleines Geschäft; gegenüber betrieb Herr Ruzicka seinen Friseursalon. In der Straße gab es – wie sich das für jede Straße in Prag gehörte – ein Gasthaus, dessen Wirt immer noch das traditionelle schwarze Käppchen mit der schwarzen Troddel trug, durch das sich die ehrbare Zunft der Prager Gastwirte auszeichnete. Man bekam in seinem Lokal schwarzes und helles Bier; die Dienstmädchen pflegten es abends oder am Sonntagmittag in Krügen abzuholen – wen der Gastwirt besonders mochte, der bekam zu den abgemessenen und eingefüllten Halbliterkrügeln noch einen „Schnitt" dazu – eine liebenswürdige Sitte, die übrigens zur Zeit der deutschen Besatzung aus unerfindlichen Gründen durch einen Polizeierlaß ausdrücklich verboten wurde

Auf unserer Seite der Straße gab es noch eine Metzgerei – der junge Fleischer mit dem immer fröhlichen, roten Gesicht, der gerade erst geheiratet und seinen Laden der damaligen Mode entsprechend mit wunderschönen weißen Kacheln und blank verchromten Haken für Würste und Knacker und Paarerl und Schinken ausgestattet hatte, war einer der ersten, deren Namen wir eines Tages wie aus heiterem Himmel in der Zeitung im Verzeichnis der von einem Sondergericht zum Tode Verurteilten und Hingerichteten gelesen hatten. Seine Frau fanden wir an diesem Tage schluchzend im Laden vor, sie konnte so wenig begreifen wie wir, was Schreckliches, nie wieder rückgängig zu Machendes geschehen war. Vorgestern hatte man ihn abgeholt – und heute war er tot. Man sagte, er habe auf dem Land ein Schwein von einem Bauern schwarz, das heißt ohne Bezugsmarken, gekauft, um es in seinem neuen Laden verkaufen zu können – aber genau wußte es niemand. Dann gab es noch zwei Kolonialwarengeschäfte – eines, das Herrn Panos gehörte, der bis zuletzt versuchte, durch die fast zärtliche Ausschmückung seiner Auslage dem Geschäft einen Hauch von Delikatessenladen zu geben, und ein zweites, das etwas schmuddeliger war und dessen alte Inhaberin mir schon als Jungen dadurch aufgefallen war, daß sie zum Schneiden von Butter und Marmelade und Schmierseife immer dasselbe Messer benutzte; wenn sie Butter oder Marmelade oder Käse abgesäbelt hatte, leckte sie das Messer ab, wenn sie Seife abgeschnitten hatte, wischte sie die Reste in ihre blaue Schürze. Ihre schon erwachsene Tochter hieß Lidunka: Beide Frauen, die sich ihr Brot sehr schwer verdienen mußten, haben unserer Mutter in drückenster Zeit geholfen, als ob das selbstverständlich gewesen wäre. Aber es war nicht selbstverständlich, nichts war selbstverständlich in dieser Zeit.

Der Vater meines Vaters, mein Großvater also, hatte lange vor dem Ersten Weltkrieg schon ein schönes Kolonialwarengeschäft besessen. Es befand sich in der besten Lage in der Nähe des Pulverturms und des Hybernerbahnhofs, der in der ersten tschechoslowakischen Republik Masarykbahnhof hieß und jetzt, da es in der heutigen Geschichtsschreibung nie einen Masaryk gegeben hat und man einen Bahnhof nicht gut nach einem bloßen Phantom benennen kann, wie eine Autobahnausfahrt „Bahnhof Prag-Mitte" heißt. Es war ein renommiertes Feinkostgeschäft gewesen; mein Großvater hatte noch selbst Kaffee aus Übersee eingeführt und in den tiefen, geheimnisvollen Gewölben seines Geschäfts in der Pflastergasse Nr. 4 geröstet. Er hatte – worauf er besonders stolz gewesen war – die vielen Prager Kaffeehäuser mit seinen Bohnen beliefert, hatte in seinem Sortiment edle Weine und erlesene Spezialitäten, Schinken, Hummer und Cognac und Landhonig und Preiselbeermarmelade und Gänseleberpastete mit Mandeln geführt. Aber wie das so kommt, wenn ein Mann seine Frau mit siebenundzwanzig Jahren nach der Geburt des zweiten Kindes im Kindbett verliert und wenn seine zweite Frau, die er doch braucht bei den Kindern und im Geschäft, sich als so ganz und gar anders herausstellt, als er es sich gewünscht hätte. Vom Geschäft verstand

Bremensien · Kunstbücher · Maritimes

sind die Schwerpunkte unseres Verlages. Dazu veröffentlichen wir zahlreiche wissenschaftliche Bücher u. a. m.

Gerne informieren wir Sie durch einen umfangreichen Prospekt über unser Verlagsprogramm. Die Bücher sind über den Buchhandel zu beziehen.

Falls Sie Interesse an unserem Verlagsprospekt haben, schicken Sie bitte diese Postkarte an uns zurück.

VERLAG H. M. HAUSCHILD GMBH · BREMEN

Absender:

Postkarte

Verlag
H. M. Hauschild GmbH
Postfach 45 02 35
Hans-Bredow-Straße 7

28296 Bremen

sie überhaupt nichts – sie lebte in der merkwürdigen Vorstellung, daß man sich ja einfach nur aus den Regalen bedienen müsse, da es doch vorhanden sei, wenn man etwas in der Küche brauchte. Inzwischen wurde die Konkurrenz stärker – mit der kapitalkräftigen Firma des Deutschen Julius Meinl oder Tschechen Karel Kulik konnte es Großvater Alfred Fuchs nicht aufnehmen. Als er starb, übernahm seine zweite Frau Mathilde das Geschäft. Natürlich mußte sie sich dabei voll auf ihren Commis – so nannte man damals noch die Handelsgehilfen und späteren Geschäftsführer – Cimicky, einen Tschechen, stützen, denn wie gesagt, vom Feinkosthandel verstand sie nichts, und wenn sie davon sogar etwas verstanden hätte, hätte sie ihn ohnehin nicht zu betreiben vermocht. So verließ sie sich auf Herrn Cimicky – er werde es schon „richten".

Und der richtete es denn auch. Als ihn Großvater Fuchs aufgenommen hatte, waren seine Habe eine Hose und ein Hemd gewesen – während nun Großmutter Fuchs immer ärmer und die Einkünfte aus dem Geschäft immer spärlicher wurden, erschien Herr Cimicky förmlich aufzugehen, wie ein rosinengefüllter Hefeteig in einer wohlgefetteten Schüssel. Sein Antlitz wurde feist und feister, seine Nase rot und röter, sein Selbstbewußtsein unerschütterlicher. Dann kam der Augenblick, da er die Tafel „Alfred Fuchs, Wwe." herunternehmen und durch eine neue Tafel ersetzen konnte, auf der sein eigener Namen prangte. Was für ein erfreuliches Ereignis, was für ein erfreulicher Anblick! Übrigens hatte er gut gekauft – es war sehr dürftig, was er seiner ehemaligen Chefin ausgezahlt hatte, so er ihr überhaupt etwas auszahlte. Denn die Mathilde Fuchs war Jüdin; sie hatte bereits aufgehört, ein Rechtssubjekt zu sein.

Als der Krieg ausbrach und Lebensmittelkarten eingeführt wurden, kannte Herr Cimicky die alte Frau überhaupt nicht mehr. Natürlich wußte er, daß Juden keine Fleischkarten mehr bekamen, natürlich wußte er, daß Juden keine Butter- und Schmalzkarten mehr bekamen, und natürlich wußte er, daß Juden keine Karten für Weizenmehl mehr bekamen, natürlich wußte er, daß Juden keine Obst- und Gemüsezuteilungen bekamen, natürlich wußte er – aber was soll's: Juden bekamen eben nur Marken auf Brot und Margarine und Kartoffeln, die sie aber nicht etwa während des Tages, sondern immer erst vor Geschäftsschluß, dann also, wenn weder Brot noch Margarine noch Kartoffeln mehr in den Regalen vorhanden waren, einlösen durften. Und damit es den Juden nicht etwa einfiel, ihre Lebensmittelkarten einem arischen Tschechen oder gar Deutschen mit der Bitte anzuvertrauen, mit ihnen in der normalen Geschäftszeit einzukaufen, versah man die Lebensmittelkarten für Juden mit einem quer über die ganze Karte verlaufenden Netz, das aus dem Wort JUDE – JUDE – JUDE bestand. Damit hatte man die Methode zum Aushungern der Juden verfeinert: Anfangs hatte man gemeint, ein normales großes „J" an der Stelle für den Namen würde genügen. Aber wo war die Garantie, daß es irgend einem findigen Untermenschen nicht einmal gelingen konnte, aus der mit einem bloßen Riesen-Jot versehenen Lebensmittelkarte ein vom Stempel nicht erfaßtes Viereckchen mit dem Aufdruck 50 g Brot herauszuschneiden und es so in Umlauf zu bringen?

Es war schon bewundernswert, wieviel Phantasie, schöpferische Energie, Arbeits- und Verwaltungsaufwand der deutsche Apparat in die schrittweise Lösung der Judenfrage, bis hin zur Endlösung, investierte, während die deutsche Wehrmacht an allen Fronten für Europa, gegen Bolschewismus und Weltplutokratie, kämpfte!

Als Großmutter Fuchs, damals schon eine hochbetagte Frau, den Herrn Cimicky in der schlimmsten Zeit einmal fragte, ob er nicht ein paar Graupen hätte, verzog er sein fettes Gesicht zu einer abweisenden Grimasse: Er habe doch selber nichts. Und als die alte Frau in den Transport in den Osten eingereiht wurde und jemand auf den Gedanken kam, Herr Cimicky könnte doch vielleicht zur Wegzehrung der alten Mathilde Fuchs auf deren letzter Reise etwas beitragen – denn daß er schwunghaften Schwarzhandel betrieb, wußte man doch, und daß er daher von allem hatte, was damals Mangelware war, wußte man auch –, warf er den Überbringer der Bitte zur Tür hinaus.

Nein, nichts war selbstverständlich in jenen Tagen, gar nichts; auch nicht, daß die alte Frau in unserer Straße mit ihrer Tochter Lidunka und die Marktfrauen auf dem Georgsplatz, ohne davon Aufhebens zu machen, unserer Mutter halfen, obwohl sie Deutsche und damit Angehörige des gehaßten Unterdrückervolkes war und obwohl ihr Mann ein Jude, also Angehöriger der erbärmlichsten Sorte von Mensch, war. Daß sie ihr halfen, als wir noch alle beisammen waren, und daß sie ihr halfen, als sie ganz allein übriggeblieben war – obwohl sie wußten, daß ich von der Gestapo verhaftet worden war – obwohl sie wußten, daß mein Bruder in ein Konzentrationslager eingeliefert worden war – obwohl sie wußten, daß mein Vater ins Ghetto transportiert worden war und obwohl sie wußten, daß meine Mutter nichts mehr hatte, womit sie ihren Lebensunterhalt hätte fristen können. Nein, daß diese Menschen ihr halfen, war nicht selbstverständlich. Nichts war selbstverständlich in jener Zeit.

96

Im selben Haus wie wir wohnte die Familie Bloch. Der Eingang zu ihrer Wohnung lag dem unseren gerade gegenüber. So sahen wir sie, wenn wir uns im Flur getroffen hatten. Vater Bloch war ein kleiner, so recht farbloser Mann. Er war immer freundlich, ging etwas nach vorn geneigt und schien nur einen Wunsch zu haben: nicht aufzufallen, niemandem weh zu tun, mit allen Menschen gut auszukommen.

Die Tschechen sind, was geschichtliche Ursachen hat, niemals besondere Freunde der Juden gewesen. Eigentlich haben sie sie nie richtig gemocht, weil sie etwas anders aussahen, weil sie, wie Julius Streicher nicht müde wurde in seinem „Stürmer" zu verkünden und was hochgeachtete deutsche Wissenschaftler damals in gelehrten Werken über Rasse und Volk an altehrwürdigen Universitäten unterrichteten und publizierten, eine andere Nasenform als die Arier, ein anderes Verhältnis von Schädellänge zu Schädelbreite hätten, weil ihre Nasenlöcher eine andere Form als die der Arier hätten, weil ihre Ohren anders angewachsen sein sollten als bei Indogermanen, woraus ihre Minderwertigkeit schon abgeleitet werden könnte, weil ihr Blut sich anders zusammensetze als das einer echten Menschenrasse – nicht aus all diesen Gründen mochten die Tschechen die Juden nicht, sondern darum, weil die Juden sich in ihrer großen Mehrzahl zum Deutschtum bekannt hatten nach der Aufhebung des Ghettos durch Joseph II., weil sie sich zum deutschen Bildungsbürgertum bekannt hatten und Generationen hindurch Träger und eifrige Pfleger des Deutschtums gewesen waren in einem wahren Heer tschechischen Nationalismus' und tschechischen Aufbegerens gegen die Unterdrückung ihres Volkes durch das deutsche Element in der österreichisch-ungarischen Monarchie. Daß die „richtigen" Deutschen nie bereit waren, ihre jüdisch-deutschen oder deutsch-jüdischen „Volks"-Genossen ohne Vorbehalte zu akzeptieren, interessierte die Tschechen nicht. Sie registrierten die intensiven Bestrebungen der vermögenden Prager Juden um die Erhaltung und Erhöhung zum Beispiel des „Neuen Deutschen Theaters", einer der berühmtesten und besten Bühnen im deutschsprachigen Kulturraum. Sie merkten sich, wie die deutschen Prager Zeitungen, das „Prager Tagblatt" und die „Bohemia", ohne jüdische Unterstützung kaum den Rang eingenommen hätten, der sie auszeichnete, sie stellten fest, wie das „Deutsche Haus", deutsche Sportvereine, Clubs, Bibliotheken von Juden unterhalten wurden und wie man in jüdischen „besseren" Familien ganz selbstverständlich deutsch sprach. Sicherlich: Es hatten sich in der Geschichte der Emanzipation der Juden und der gleichzeitigen Wiederbelebung des Tschechentums etliche, sicherlich auch nicht unbedeutende Juden zur tschechischen Bewegung bekannt – der Bruder meiner so früh verstorbenen Großmutter Adele, Dr. jur. Eduard Lederer, hatte als Freund und Mitstreiter der Begründer der Sokoln-Bewegung Fügner und Tyrs dazu gehört – aber das schien untergegangen zu sein im Bewußtsein der Tschechen. Und als dann die „richtigen" Deutschen daran gingen, die Juden für deren hundertfünfzig Jahre dauernden Einsatz für das Deutschtum auszuzahlen, indem sie sie vernichteten, schauten die Tschechen zu.

„Jetzt haben sie, was sie wollen", sagte Jarmil Krejzl, ein überzeugter Kommunist noch aus der Vorkriegszeit, zu mir. „Hätten sie nicht die Deutschen durch ihren Einfluß und ihr Geld am Leben erhalten, wären sie hier als Volksgruppe längst krepiert oder wären ausgehungert worden. Durch die Juden sind sie am Leben geblieben, durch die Juden ist überhaupt erst eine ‚deutsche Frage' entstanden, wegen der Juden ist Hitler hier also letzten Endes bei uns eingebrochen." Und so wie Krejzl dachten viele national eingestellte Tschechen, auch Fabrikarbeiter und kleine Leute. Heraus kam ein Antijudaismus, der einen ganz anderen Charakter hatte als der deutsche Antisemitismus und der aus ganz anderen Motiven gespeist worden war. Aber auch er gipfelte in der Vorstellung, daß die Juden an allem schuld seien, vor allem an der nationalen Katastrophe, die über die Tschechen 1938 und 1939 hereingebrochen war.

Geschichte wird nie im Reagenzglas gemacht, und nationale Emotionen haben mit Rationalität kaum je etwas gemein. Und so halfen die Tschechen zwar kaum, die Juden zu vernichten, steuerten also kaum aktiv bei zur Endlösung einer Frage, die für sie eine ganz andere Dimension hatte und nichts mit Rasse und Blut und dem Mythos des Adolf Hitler, Heinrich Himmler und Alfred Rosenberg zu tun hatte – aber sie unternahmen auch keine sonderlichen Anstrengungen, ihre jüdischen Mitbürger vor dem Zugriff der deutschen Vernichtungsmaschinerie zu retten. Sie schauten mit einem Gemisch aus menschlichem Mitgefühl und leiser Schadenfreude zu – ohne sich zu rühren.

Aber in jenen Zeiten schaute man eigentlich immer zu, ohne sich zu rühren. Man verabschiedete sich von Menschen, von Freunden, von den engsten Verwandten, die zum Verschwinden bestimmt waren, als ob man sich gerade nur so auf Wiedersehen sagte, fast ohne innere Regung, man gab ihnen ein „Tschüß" mit auf den Weg in den Tod. Die Zeit hatte nicht nur die Henker, sie hatte auch deren Opfer gefühllos gemacht. Hätte man den Panzer, durch den man sich abschirmte vor den Scheußlichkeiten und vor der perversen Grausamkeit im Umgang der Herren mit ihren Sklaven, abgelegt, wäre durch das blutende Häutchen, mit dem ein fühlender Mensch bedeckt ist, das Grauen schutzlos ins Innere gedrungen und hätte auch den letzten Willen zum Leben ausgelöscht. Und weil man leben wollte, hatte man sich – ohne es zu ahnen – mit einer Hornhaut gewappnet, die einen vom Mensch sein zur Kategorie des Unmenschtums emporhob – denn damals war das Unmenschtum oben, und die Menschlichkeit wurde am Boden zertreten.

Aber als der Judenstern eingeführt wurde und die beiden kleinen Kinder der Blochs zum erstenmal mit dem gelben Schandzeichen auf der Straße erschienen, wandten sich die tschechischen Fußgänger ab und senkten ihr Haupt. Möge man Erwachsene verfolgen, die schuldig geworden sein sollten für dies oder jenes – aber Kinder? Wanda und Pavel gingen mit ihren Sternen, die fast größer waren als ihre Körperchen, als ob sie einen besonderen Schmuck trügen. Sie wußten nicht, was die merkwürdige, den hebräischen Buchstaben zur Verhöhnung nachgemischte Inschrift im Davidstern bedeutete. Sie wußten nicht, was das überhaupt sei, ein „JUDE", ob sie schon selbst Jude und Jüdin waren, der Rasse nach nämlich, wie in den Gesetzen in einem fernen, ihnen unbekannten Nürnberg bestimmt worden war. Denn selbst waren sie noch viel zu klein, um Juden zu *sein*. Und so gingen die beiden Kinder über die Straße zum Rigerpark (damals durften Juden noch in den Park – allerdings durften sie sich da auf keine Bank setzen), ernst, wie sie es immer waren, schön wie Engel mit ihren lockigen Köpfchen und ihren schwarzen, samtenen Augen.

Und die Tschechen, die sie sahen, wandten sich ab, denn als Erwachsene schämten sie sich für die Demütigung von Kindern, obwohl sie selbst schon unschuldig daran waren. „Eine Schweinerei", murmelte Herr Rumzicka von gegenüber, drehte sich vorsichtig um, ob ihn niemand gehört habe, und ging in seinen Friseursalon zurück.

Eines morgens um vier Uhr klingelte es auch an unserer Haustür. Wir erstarrten. Alle, die es treffen konnte, erstarrten, wenn es zwischen zwei Uhr nachts und sechs Uhr früh klingelte, denn die Glocke in dieser Zeit konnte nur etwas Entsetzliches, das Entsetzlichste einläuten: Vor der Tür stand der Bote, der den Befehl zum Antreten in den Transport zu übergeben hatte. Oh nein, draußen stand nicht etwa der Henker selbst oder einer seiner Schergen: Der Sicherheitsdienst der SS hatte sich eine viel teuflischere Methode ausgedacht. Er pflegte dem Ältestenrat der Juden nur immer mitzuteilen, wieviel Menschen sich an welchem Tag auf dem ehemaligen jüdischen Turnplatz Hagibor oder im Messegelände in Prag-Holeschowitz einzufinden hätten – die Jüdische Gemeinde selbst sollte bestimmen, wer das nächste und das übernächste und das überübernächste Opfer zu sein hatte. Abends kam der Befehl von der SS, bis Mitternacht mußte ausgesucht worden sein – und spätestens bis zum Morgengrauen mußten die Betroffenen wissen, daß sie den Weg zu einem Ziel anzutreten hatten, dessen Namen sie nicht kannten und von dem bisher niemand zurückgekehrt war.

Jetzt hatte es an unserem Tor geklingelt. Wir hörten, ohne uns selbst zu rühren, wie die Hausmeisterin, Frau Skudrnova, aus ihrem Souterrain an die Haustür schlurfte, öffnete, ein paar Worte mit den Männern, die draußen Einlaß begehrt hatten, wechselte und dann mit ihnen nach oben kam. Die Schritte näherten sich unserer Wohnung, sie blieben stehen, man vernahm Gemurmel, das Herz hörte auf zu schlagen. Dann klingelte es gegenüber. Blochs waren es. Die Blochs.

Sie hatten zwei Tage Zeit, sich vorzubereiten. Vater Bloch setzte ein Verzeichnis seines Eigentums auf und brachte es zum sogenannten Jüdischen Auswanderungsfonds, der dem Rasse- und Siedlungshauptamt der SS unterstand. Seine Uhr, seine Trauringe, sein silbernes Eßbesteck brachte er auch mit, alles Geld, alles was irgend einen Wert hatte. Man quittierte ihm höflich, was man entgegengenommen hatte. Einen Hundertmarkschein montierte ich ihm in seine Kleiderbürste ein. Das war nicht schwer. Ich hatte es schon oft gemacht. Man mußte nur das polierte Deckholz vom Unterteil der Bürste abschrauben, in die Decke eine Vertiefung mit dem Stechbeil ausstemmen und die gefaltete und ganz platt gebügelte Banknote hineinlegen. Dann mußte alles mit gutem Knochenleim zusammengeklebt und überpoliert werden – so brachte ich Herrn Bloch die Bürste. Würde sie ihm doch helfen, im Ghetto im Osten die erste Zeit besser zu überstehen; schließlich würde man dort hart arbeiten müssen, und es wäre doch nicht so sicher, ob er und seine Frau gleich zu Beginn genug verdienen würden, um sich und die Kinder ernähren zu können. So ein Hundertmarkschein würde sicherlich eine gute Überbrückung sein.

Zum letzten Abend hatte meine Mutter die Blochs zu uns zum Abendessen, zum letzten Abendessen, gebeten. Sie hatte für alle Essensmarken, die wir hatten, eingekauft und ein ganz feierliches Festmahl gekocht mit Suppe und Fleisch und Gemüse und Kartoffeln und sogar mit einem Nachtisch. Und hatte den Tisch gedeckt mit dem schönen Damasttuch, das sie

55/60

a. Fuchs 61

101

hatte und auf das sie so stolz war: Es war nie sonst gebraucht worden als bei der Taufe meiner kleinen Schwester und zu Weihnachten, damals, als Weihnachten noch ein Fest der Liebe und der Freude gewesen war. Und auf das schönste Damasttuch stellte sie ihre schönsten Teller und legte daneben die silbernen Gabeln, Löffel und Messer, die sie von ihrer Mutter bekommen hatte. Und als die Blochs anklopften, holten wir sie von der Wohnungstür ab: den Herrn Bloch und die Frau Bloch und die kleine Wanda und den kleinen Pavel. Herr Bloch hatte seinen feinen schwarzen Anzug an, den er ja nie mehr brauchen würde. Er sah direkt feierlich aus. Aber wir hatten uns ja auch angezogen wie zu Weihnachten.

Als wir uns alle um den großen Tisch gesetzt hatten, brachte meine Mutter die Suppe aus der Küche. Es war eine gute Suppe aus Rinderknochen, die nach Petersilie und Fleisch duftete. Sie stellte sie in die Mitte, und dann saß sie stille. Es war gespenstisch. Keiner sagte ein Wort. Oben an der Decke brannte die schwache Lampe, was sollte jetzt geschehen? Meine Mutter sah mich an, ob sie wohl beten könnte, jetzt? Wo doch die Blochs Juden waren, ob sie das wohl verstehen würden? Denn bei uns wurde immer vor Tisch das Gebet gesprochen, wir hätten uns ein Mittag- oder Abendessen gar nicht vorstellen können ohne Gebet. Ich nickte meiner Mutter zu, sicher, Mama, bete nur. Und sie faltete die Hände und sagte, wie sie es immer sagte, ganz langsam, denn sie glaubte fest, was sie sagte: „Komm Herr Jesus, sei du unser Gast, und segne uns alles, was du uns bescheret hast." Die letzten Worte flüsterte sie nur noch. Plötzlich senkte Herr Bloch, den man doch sonst nie richtig wahrgenommen hatte, sein Haupt, bedeckte sein Gesicht mit den Händen und weinte laut auf.

Wanda und Pavel weinten nicht, sie sahen hinab auf ihre Händchen, die sie wie wir gefaltet hatten beim Gebet.

Das war kein Abschiedsessen, es war das letzte Abendmahl, jetzt wußten wir es, alle wußten es – und der Messias war nicht gekommen.

Als der kleine Pavel, der schön war wie ein Engel, und die kleine Wanda, die liebreizend war wie seine Braut, mit ihren Eltern in Auschwitz angekommen waren, ging alles schon sehr schnell. Man trieb sie aus den Viehwagen heraus, ließ sie sich in eine Reihe stellen, vorne stand ein Mann mit einer Mütze über dem bleichen Gesicht, an der ein Totenkopf mit gekreuzten Knochen angebracht war, der zeigte mit seinem Daumen nach links oder nach rechts. Weil die Blochs zwei kleine Kinder bei sich hatten und Herr Bloch klein war, zeigte der Mann mit dem Totenkopf ganz lässig nach links. Und so gingen die vier miteinander ganz langsam, zusammen mit vielen Tausenden anderen, bis sie zu einem Gebäude mit einem geschlossenen Tor kamen. Da ließ man sie warten und ihre Kleider ablegen. Vater Bloch schämte sich vor seinen Kindern und versuchte, sich mit den Händen zu bedecken. Sein Pavel schmiegte sich an ihn. Und die Mutter nahm ihre Wanda auf den Arm. Dann öffnete sich das Tor, brüllende Männer mit Peitschen in den Händen trieben sie hinein – zum Brausen. Und als der Raum vollgepfercht war mit Menschen, spürten sie, daß aus den Düsen an der Decke kein Wasser, sondern der Tod kommen würde. Das Kind mit den großen, dunklen Augen fragte den Vater ohne den Mund zu öffnen, und der Vater sagte das Sterbegebet auf, das Kaddisch.

Und so sind alle vier gemeinsam in den Himmel gegangen, vielleicht als eine einzige Seele. Und der liebe Gott hat sie mit Namen gerufen, denn er hat alle mit Namen gerufen, alle, und hat die kleine Wanda und den kleinen Pavel in seine Arme genommen, zusammen mit ihren armen Eltern, die in der Stunde ihres Todes haben zusehen müssen, wie ihre Kinder ermordet worden sind.

Woher ich das weiß? Ja nun, leben die vier denn nicht noch in mir und werden in mir leben bis zu meinem letzten Atemzug?

Wie mir ein Toter das Leben rettete; und was ich einem Kriminellen zu verdanken habe

Von acht Uhr abends an, sobald der Wachhabende mit drei Schlägen auf eine Eisentraverse Nachtruhe verkündet hatte, herrschte im Gefängnis der Geheimen Staatspolizei Prag-Pankratz Todesstille. Die Aufseher trugen jetzt Schuhe mit Filzsohlen – man konnte sie nicht mehr hören, wenn sie durch die Kreuzgänge patrouillierten und sich ab und an den Zellentüren von außen näherten. Manchmal öffnete sich wie von einer unsichtbaren Hand bewegt der Schieber des Gucklochs, ein Auge erschien von draußen, registrierte, ob der Gefangene in Einzelhaft ordentlich auf seinem Strohsack lag, sich also nicht aufgehängt hatte, oder ob die Häftlinge in der Gemeinschaftszelle vollzählig vorhanden waren. Dann ging das Guckloch wieder ganz leise zu: Man hatte Besuch gehabt. Es kam wohl vor, daß von draußen her in der Nacht Geräusche zu hören waren – immer dann, wenn Hunderte Gefangene auf dem Transport von einem Konzentrationslager oder von einem Zuchthaus in ein anderes ins Gestapogefängnis von Prag zur Übernachtung eingeliefert wurden. Die Leute waren gewöhnlich barfuß: Es mußten schon sehr viele Füße über den blank gebohnerten Steinboden huschen, um wie das leise Rauschen eines fernen Baches zu klingen. Die Menschen selbst hörten wir nie: Sie sprachen nicht, sie flüsterten nie, es war, als wenn Schatten auf den Gängen vor unseren Zellen kampierten. Eigentlich waren es ja nur Schatten. Wenn sich am Morgen die Zellentüren öffneten, um uns zur Qual der sogenannten Freistunde zu entlassen, waren sie verschwunden. Menschen, die keine Menschen mehr waren, Menschen auf Abruf, Menschen, die zu Nummern geworden waren, schlimmer noch, deren Nummern ja nicht einmal mehr stimmten, da sie das Lager, das sie kannten, das Lager, dessen Spielregeln sie beherrscht hatten, das Lager, dessen Numerierung sie trugen, hinter sich gelassen hatten und auf dem Weg in das Unbekannte, mit Sicherheit schreckliche Unbekannte waren. Wir wußten nicht, ob die Träger der leisen Geräusche, die wir in der Nacht mehr geahnt als gehört hatten, am Abend des nächsten Tages noch leben würden, ob man sie weitergebracht oder irgendwo liquidiert hatte. Wußten wir doch selbst nicht, ob wir uns nicht auch morgen oder übermorgen Nacht auf irgend einem Gang irgend eines anderen Gestapogefängnisses oder in irgend einem Gefangenentransportwagen wiederfinden würden.

Gewöhnliche Gefangene wurden auf offenen Güterwagen oder in Viehwagen befördert, sofern man sie nicht zu Fuß marschieren ließ. Häftlinge der Gestapo jedoch, deren Vernehmung noch nicht beendet war oder die man nicht mit anderen Gefangenen zusammenkommen lassen wollte, transportierte man in besonderen Gefangenenwagen. Ein eilender Reisender hätte sie für gewöhnliche grün gestrichene Schnellzug- oder Gepäckwagen halten können. Daß die Gefangenenwagen anstelle von Fenstern oben am Dach nur schmale vergitterte Luken hatten, mußte schließlich nicht jedem auffallen. Die Wagen waren in kleine, enge Zellen für je zwei Mann unterteilt. Einer konnte auf einem Klappbrett sitzen, der zweite mußte stehen.

Eben solch ein Gefangenenwagen der Deutschen Reichsbahn stand am 3. November 1944 in Bauschowitz bei Theresienstadt im Protektorat Böhmen und Mähren bereit, um mit Häftlingen befrachtet zu werden. Theresienstadt ist in die Geschichte eingegangen als Ghetto, dem die mit der Endlösung der Judenfrage befaßten Funktionsträger des Reiches eine doppelte Aufgabe zugedacht hatten. Einmal diente Theresienstadt als Durchgangssammelstelle für deutsche, holländische, tschechische, dänische und österreichische Juden auf derem Weg ins endgültige Nichts im Osten, zum anderen hatte Theresienstadt eine Art Musterghetto zu sein, das man – besonders, als die Aussicht auf den Endsieg der deutschen Waffen dahinschwand – den seltenen Besuchern aus dem neutralen Westen präsentierte, um sie von der humanen Weise der Endlösung zu überzeugen. Theresienstadt war jedoch mehr als nur ein Judenghetto. Abgeschirmt von der Stadt, deren Bevölkerung die Deutschen Mitte 1941 zwangsübersiedelt hatten, um Platz für das zu errichtende Ghetto zu schaffen, befand sich in den Kasematten aus der Zeit Maria Theresias und Josephs II. die Dependance des Prager Gestapogefängnisses. In der Festung wurden die Häftlinge der Gestapo aus Böhmen und Mähren zu Tode geschunden, die man in den Verließen ihrer „Muttergestapo" (so nannte man die Staatspolizeidienststelle, die jemanden verhaftet hatte) wegen Überfüllung nicht hatte behalten wollen oder an deren ordentlicher Verurteilung durch ein Strafgericht, Sondergericht oder das Reichsgericht kein Interesse bestand. Hier herrschten die niedrigsten Chargen über Leben und Tod. Ja, wir wunderten uns eigentlich immer, wie gering die Ränge der SS waren, die gottgleich über Sein oder Nichtsein so vieler anderer Menschen befinden konnten. Aber bei genauem Hinsehen begriffen wir, daß dies eigentlich konsequent war; denn was für Menschen waren wir denn? Hätte man uns nicht aufgewertet, wenn zu einer Entscheidung über das Erschießen oder Hängen oder Totschlagen des einen oder anderen Häftlings das Schulterstück eines, sagen wir, Oberstleutnants oder Standartenführers des SS gehört hätte? Über das Auslöschen eines Untermenschen mußte der Willensakt eines ganz, ganz untergeordneten Mannes mit deutschem Blut in den Adern und dem Totenkopf an der Mütze genügen; das gehörte nun einmal zur Ordnung, deren Exekutionsort jedes Gefängnis, jedes Lager hinter dem Tor mit der Aufschrift „Arbeit macht frei!" war. Übrigens war der Kommandant der Festung Theresienstadt Hauptsturmführer Jöckel, also ein SS-Führer im Rang eines bloßen Hauptmanns. Seine Henker – aber nicht Henker allein, auch Richter, sadistische Quäler und Ankläger in eigener Machtvollkommenheit – waren Unterscharführer, Oberscharführer, Rottenführer.

An jenem 3. November hatten ein Hauptscharführer und drei SS-Männer einen Haufen Häftlinge aus der Festung herausgeführt und ans Gleis vier des Bahnhofs Bauschowitz gebracht, wo der Gefangenenwagen der Deutschen Reichsbahn schon wartete. Natürlich hatte der für den Transport zuständige Unteroffizier der Gestapodienststelle Theresienstadt von Anfang an gewußt, daß er sechsmal mehr Häftlinge nach Bauschowitz hatte abmarschieren lassen, als der Gefangenwagen faßte. Aber, so hatte er sich gedacht, wenn er die wegzubefördernden Menschen überhaupt eines Gedankens für wert befunden hatte, wo ein Wille sei, sei auch ein Weg. Und da dieser Wille bei dem SS-Hauptscharführer und seinen drei Männern vorhanden war – denn schließlich wollten sie zum Frühstück wieder zurück in ihrer Festung sein –, fand sich auch ein Weg. Die vier preßten eben in jede Zelle des Waggons, die für je zwei Menschen bemessen war, zwölf Untermenschen hinein. Objektiv gesehen, war das eine Heidenarbeit. Man mußte die Leute im wahren Sinne des Wortes hineinquetschen. Hinter dem letzten, dem sechsten Paar mußte die Tür mit aller Macht, mit Einsatz des ganzen Körpers, zugestemmt werden. Die vier, die fertig sein wollten, fluchten, daß gerade sie diese Scheißarbeit machen mußten. Aber selbst, wenn die Gefangenen ihnen hätten behilflich sein wollen, hätten sie es kaum fertiggebracht. Weil sie schon ohnehin so dünn waren, konnten sie sich nicht noch dünner machen. Sie standen Körper an Körper gepreßt, so wie sie hineingedrückt worden waren. Endlich wurde es draußen still; die Wache hatte ihre Arbeit getan und war zum Kaffee in die Festung abgezogen. Der Wagen stand auf Gleis vier.

Es wurde Mittag, es wurde Abend. Nicht, daß es in den Zellen kalt geworden wäre, obwohl es November war. Die Luke an der Decke war halb geöffnet, aber die Männer erwärmten sich mit ihrem Atem. Einige hatten Durst, einige hätten austreten müssen. In der Nacht wurde der Wagen an irgendeinen Zug angekoppelt. In der dritten Zelle von links wurde es einem Häftling schlecht, mein Gott, sagte er, ich werde ohnmächtig. Hab' keine Angst, meinte der, der vor ihm stand, du fällst schon nicht um, hier kannst du gar nicht umfallen. Das stimmte, der Mann, der ohnmächtig wurde, konnte nicht einmal nach unten rutschen, weil er zwischen seine Neben-, Vor- und Hintermänner wie ein Stück Holz eingekeilt war. Der Mann, dessen Gesicht am Gesicht des bleich Gewordenen lehnte, hatte zuerst Angst gehabt, der Kamerad könnte sich übergeben, ihm ins Gesicht, und das wäre eklig gewesen, da er ja seine Arme nicht nach oben gebracht hätte, um sich abzuwischen. Aber der Ohnmächtige übergab sich nicht, er wurde nur immer röter im Gesicht – offensichtlich hatte er Fieber bekommen. Jungens, was soll ich mit ihm machen, fragte der Mann, dessen Wange die Wange des Kranken berührte. Halt ihn fest, murmelte einer, der das Glück hatte, an der Lukenseite der Zelle zu stehen – wenn du willst, kannst du ja auch schreien, es hört dich doch niemand. Dann blieb der Wagen wieder irgendwo stehen. Keiner gab auch nur einen Mucks von sich – vielleicht hätte man von draußen Stimmen gehört, die Stationsansage, Postbedienstete, Gespräche zwischen Leuten von der Eisenbahn. Aber man hörte nichts. Man hatte den Wagen offensichtlich außerhalb eines Bahnhofs auf einem Nebengleis abgekoppelt. Während des nächsten Tages wurde der Gefangenenwagen dann an eine Güterzuglokomotive angehängt. Daß es eine Güterzuglokomotive war, erkannte man am schweren Gang, an der ganz besonderen Art, wie der Dampf aus dem Zylinder schoß und wie der Wagen über die Schienenenden holperte. Gegen Abend blieb man wieder hängen.

Der Fiebernde wußte von alledem nichts, nichts vom Durst seiner Mithäftlinge, nichts von der Scham derer, die sich in die Hosen gemacht hatten und sich nicht rühren konnten, um sich zu reinigen, nichts von der Angst, die das Gehirn eines jeden fast zermarterte, wohin es ginge und warum man ihn, gerade ihn, zum Transport bestimmt habe. Ein wenig stöhnte er, zitterte im Fieber, dann schnappte er nach Luft, offensichtlich erstickte er. Der Mann, dessen Gesicht an das Gesicht des Kranken gedrückt war, bemerkte jede Regung in dessen eingefallenen, geschlossenen Augen – solange er noch stöhnt, meinte er, ist er wenigstens noch da.

Aber dann kam ein Augenblick, da jener keinen Laut mehr von sich gab, seine Augen sich öffneten und gleichzeitig begannen, ins Unbestimmte zu starren. Dabei schielten sie ein wenig. Das eine Auge schaute mehr nach innen, das andere geradeaus. Der Schweiß auf der Stirn verschwand, die Wangen wurden weiß. Der Mann, dessen Gesicht an das Gesicht des Kranken gepreßt war, spürte, daß der andere kalt wurde. Der Kranke war nicht mehr krank – er hatte es hinter sich gebracht. „Jungens", sagte der Mann, „er ist tot. Können wir ihn nicht irgendwo hinlegen?" Die anderen antworteten nicht. Wohin hätten sie ihn denn legen sollen? Sie spürten ihre Beine, ihre Hände nicht mehr. Sie hatten aufgehört, Menschen zu sein. Sie waren zu Stücken toten Fleisches geworden. Vom gerade Gestorbenen unterschieden sie sich eigentlich nur noch quantitativ. Vielleicht beneideten sie den Toten um den Zustand, in dem er sich jetzt befand. Wo er jetzt sei? Aber es war so mühselig, an so etwas zu denken, es war überhaupt zu mühselig, an irgend etwas zu denken. Doch, man könnte an Wasser denken, wenn es nicht zu mühsam wäre, überhaupt zu denken. Die Männer taten, was sie gelernt hatten, sie schliefen im Stehen – hinfallen konnten sie ja nicht. Wie oft dann der Wagen noch stehengeblieben war und wie oft er dann weitergefahren war und wie lange er gefahren war – das registrierten die Gehirne der Männer nicht mehr. Nur der Mann, dessen Augen in das Gesicht des Toten starrten, bemerkte die Veränderungen, die bei jenem eintraten. Anfangs hatte es ihn ein wenig gegraut, mit einem Toten sozusagen umarmt stehen zu müssen, stundenlang, tagelang. Aber dann hatte er sich daran gewöhnt: Immer, wenn er seine Augen aufmachte, hatte er das wächserne Gesicht des anderen vor Augen. Wie hatte der überhaupt geheißen? Einen Namen hatte der sicher auch gehabt – aber er konnte sich nicht erinnern, ihn draußen jemals gesehen zu haben und seinen Namen gehört zu haben. Ist doch egal, wie er geheißen hat, wenn sie ihn herausholen, werden sie schon wissen, wer auf dem Verzeichnis fehlt. Und dann kriegt er noch den Namen, der zu ihm gehört, nachträglich. Der Mann hätte, wenn es nicht so mühselig gewesen wäre, fast gelacht beim Gedanken, daß jemand erst sterben muß, um einen Namen zu bekommen, um sich aus einer Nummer in einen Vor- und Nachnamen zurückzuverwandeln. Dabei erschrak er: Er selbst war ja immer noch nur Nummer, ja, nicht einmal eine Nummer. Denn im Polizeigefängnis der Gestapo meldete man sich mit der Nummer der Zelle, in die man gehörte. Und jetzt gehörte er ja zu keiner richtigen Zelle mehr. Er war nummernlos geworden, was viel schlimmer war, als noch eine

Nummer zu haben. Doch das Nachdenken war viel zu anstrengend gewesen – sein Kopf senkte sich auf den Kopf des Toten, und der Mann schlief ein.

Von Bauschowitz nach Prag sind es fünfzig, sechzig, mit der Eisenbahn vielleicht siebzig Kilometer – ich weiß es nicht. Am Bahnhof Prag-Mitte traf der Gefangenentransport in der Nacht vom 7. zum 8. November ein. Dann ging alles schnell: Männer vom Sicherheitsdienst entriegelten die Zellentüren, rissen und stießen die stinkenden, wankenden menschlichen Wracks aus dem Wagen, ließen sie antreten, abzählen und noch einmal abzählen – der Tote lag dabei da, wo er normalerweise hätte stehen sollen. Dann wurden sie in Lastwagen der SS verladen, nach Prag-Pankratz gebracht und wieder aufgestellt, gezählt – diesmal ohne den Toten, der auf irgendeine Weise verschwunden war. Ob er dabei wieder einen Vor- und Nachnamen bekommen hat, weiß ich nicht. Aber vielleicht doch. Es könnte ja sein, daß die Hinterbliebenen von der Reichsverwaltung für Verpflegung und Unterkunft des ehemaligen Häftlings zur Kasse gebeten worden sind – inklusive zwölf Reichspfennig Briefporto –, und dazu mußte ja erst die Identität des „an Herzschwäche" Verblichenen festgestellt worden sein. Aber vielleicht war es an jenem Novembertag 1944 dem für die Reichsfinanzen im KZ-Wesen zuständigen Beamten gleichgültig, ob sein Staat das vorgestreckte Geld zurückbekommen würde oder nicht, und so unterließ er die Rückführung des Leichnams Nummer soundsoviel – so er überhaupt eine Nummer hatte – in Vor- und Nachnamen mit Adresse und Geburtsdatum. Und da der ehemalige Mensch mit gelbem Gesicht und starren, in verschiedene Richtungen starrende Augen weder Namen noch Geburtsdatum noch Wohnort mehr hatte, konnte oder mußte der für die Reichsfinanzen im KZ-Wesen zuständige Beamte am Morgen des 8. November kein Schriftstück mehr an die Verwandten des ehemaligen Menschen aufsetzen, kein Aktenzeichen zuteilen und keinen Umschlag der Postauslieferungsstelle seiner Behörde zustellen.

Die Leute, die wie Schweine stanken und daher auch von den wachhabenden SS- und Sicherheitsdienstmännern im Gestapogefängnis als solche behandelt wurden (was die Betroffenen für ganz natürlich fanden, da sie sich selbst als Schweine fühlten und sich gewundert hätten, wenn sie ein sauberer Herrenmensch mit deutschem Blut in den Adern und mit dem Totenkopf an der Mütze nicht wie Schweine behandelt hätte), wurden nun in zwei Gruppen eingeteilt – in eine große, die unter die Brause geschickt und dann zum Übernachten auf den Steinfliesen in die Gänge

A und C gejagt wurde (der Gang B gehörte zum Frauentrakt) – und in eine kleine, die mit dem Gesicht zur Wand vor das Aufnahmebüro gestellt wurde, um als neue Insassen von Prag-Pankratz eingetragen und geführt zu werden. Jeder Neuankömmling wurde mit dem Gesicht zur Wand aufgestellt – das war die Ordnung. Alle Häftlinge hatten sich immer mit dem Gesicht zur Wand aufzustellen, ganz nahe zur Wand. Manchmal langweilte sich der Unterscharführer, der den Haufen zu bewachen hatte, und schlug einfach von hinten auf den Kopf eines Häftlings, der vielleicht gewankt hatte oder der die Finger krumm gemacht hatte, weil ihm das Blut in den Händen gestockt war. Dann flog der unvermittelt mit der Nase an die Wand und fing an zu bluten – wie das eben Schweine so an sich haben.

Die Aufnahmeprozedur dauerte lange, oft stundenlang. Der Mann, der den Weg von Bauschowitz nach Prag Gesicht an Gesicht mit dem wächsernen Toten zurückgelegt hatte, hatte Glück – er kam noch vor Mitternacht dran. Da er nicht verstand, was der aufnehmende Oberscharführer vom Sicherheitsdienst – übrigens ein hübscher Mann mit roten, lustigen Lippen – von ihm wollte, wurde er verprügelt und im Laufschritt zur Zelle 118 Gang A eins gejagt. Gegen ein Uhr wurde die Zellentür aufgerissen. Ehe ich von meinem Strohsack aufspringen konnte, um zu vermelden, daß dies die Zelle hundertachtzehn mit einem Mann und alles in Ordnung sei, wurde sie von außen schon wieder versperrt und beide Riegel – oben und unten – zugeschoben. In meiner Zelle befand sich nun ein Zweiter, ein fremder Mann. Es war verboten, sich nachts vom Lager zu erheben. Der Mann rührte sich nicht. Er war neben der Tür zusammengesunken. Wer bist du, fragte ich. Er käme aus Theresienstadt, flüsterte er. Und er habe Durst, schrecklichen Durst. Ich stand auf und ging zur Klosettschüssel rechts der Zellentür. Wenn man langsam den Druckknopf der Wasserspülung betätigte (das Gefängnis von Prag-Pankratz war noch zu Zeiten der tschechoslowakischen Republik vor dem Krieg sehr modern mit Wasserklo und Heizung in jeder Zelle erbaut worden), konnte man direkt aus der Klosettschüssel Wasser in den Eßnapf schöpfen. Das tat ich. Der Mann, den ich in der Dunkelheit eher ahnte als sah, trank hastig. Er wollte mehr; ich holte neues Wasser. Dann legte er sich hin und schlief ein, als hätte man ihn in ein ganz tiefes Wasser geworfen.

Eigentlich kann ich mich an meinen neuen Zellengenossen nicht mehr recht erinnern. Neues vom Krieg konnte er nicht berichten, da er selbst schon etliche Monate in Theresienstadt verbracht hatte. Ein richtiger Politischer war er auch nicht – ich glaube, man hatte ihn wegen eines Schwarzhandelsdelikts verhaftet. Was aus ihm geworden ist, weiß ich auch nicht. Denn es geschah etwas, wovon ich mir nie hätte träumen lassen. Selbst wenn ich so gläubig gewesen wäre, daß ich vom lieben Gott in einer Welt, die genau das Gegenteil eines von Gott regierten Universums war, erwartet hätte, er würde über mir, ausgerechnet über mir, seine schützende Hand halten, hätte ich doch nicht denken können, er würde einen mir ganz unbekannten armen Menschen elendiglich an Diphtherie sterben lassen, um einem anderen, mir ebenfalls ganz und gar fremden Schwarzhändler, tödliche, das heißt unter den pervertierten Bedingungen einer zur Hölle verwandelten Welt lebensrettende Bazillen mitzugeben, mit denen mich jener, ohne selbst zu erkranken, anstecken würde!

Ich hatte damals viele Sorgen: Ich wußte nicht, ob sich die Gestapo an meinem Vater gerächt hatte, ob mein Bruder noch auf freiem Fuß war, ob die Gusti, die sie vierzehn Tage nach mir verhaftet hatten, noch im Frauengefängnis der Gestapo einsaß oder ob man sie schon weggeschickt hatte; ich wußte nichts vom Friedrich Zentner, der am selben Tage wie ich festgenommen worden war und der dann unter furchtbaren Qualen alles ausgesagt hatte, was sie von ihm hatten wissen wollen; ich hatte keine Ahnung, was mit der Leiterin der Postleitstelle beim Deutschen Staatsminister für Böhmen und Mähren, Frau Eschenauer, geschehen war, die man grundlos verdächtigt hatte, mit unserer Widerstandsgruppe Kontakt aufgenommen zu haben und sie daher kurzerhand abgeholt und ins Gefängnis geworfen hatte. Und ich wußte nicht, was mit mir geschehen würde, was man mit mir vor hatte. Natürlich hatte ich Angst vor dem Tod, war ich doch damals noch so jung – und ein junger Mensch stirbt so schwer. Immer wieder hörte ich in der Nacht, wenn ich an die Zellendecke starrte, was der Gestapokommissar Karl Schnabel damals gesagt hatte, als er seiner Sekretärin das Abschlußprotokoll meiner Vernehmung in die Maschine diktiert hatte: „Ich bin mir dessen bewußt, daß … haben Sie? … nachrichtendienstliche Betätigungen, Komma, insbesondere in Kriegszeiten, Komma, mit der höchsten Strafe, Komma, haben Sie?, mit der höchsten Strafe, auch mit der Todesstrafe, geahndet wird. Punkt. Ich kann keine mildernden Umstände anführen. Punkt. Gelesen. Verstanden. Unterschrieben. Ja, unten. Das wär's."

Und dann hatte ich unterschrieben, in deutscher Schrift. In Sütterlinschrift, wie man es mir in der Volksschule beigebracht hatte. Ich war damals zwanzig Jahre alt gewesen. Ja, und dann erinnerte ich mich, wie

112

ich danach schon spät am Abend in einem speziellen Gefangenenbus ganz allein von der Gestapozentrale in der Bredovska-Straße in mein Gefängnis gefahren wurde; ich konnte dabei aus der Luke des Autos starren. Draußen gingen junge Menschen spazieren, Mädchen lachten, die Straßenbahnen klingelten, Leute unterhielten sich – so, als ob hier kein zum Tode Verurteilter, direkt neben ihnen, nur durch ein ganz dünnes grün gestrichenes Blech von ihnen getrennt, vorbeigefahren wurde, ein Mensch wie sie, der wie sie gerade jetzt hätte lachen mögen, vielleicht sogar mit einem Mädchen, mit der Gusti, an der Seite hätte über den Tyl-platz gehen wollen, die Blumen und die Sterne sehen und riechen und fühlen wollen, denn wenn man lebt, duften auch die Sterne, und man spürt die Blumen. Oh ja, ich habe damals geweint in dem Polizeiomnibus, denn ich würde nie wieder die Sterne sehen und nie wieder Blumen riechen und nie wieder das Gustelchen über die weichen Haare streicheln und nie wieder im Rigerpark spazieren gehen und nie wieder über Prag sitzen und zuschauen, wie eine große rote Sonne im Nebel hinter dem Hradschin und den Tausenden Türmen und Spitzen der Stadt untergehen würde. Und jetzt, wenn ich daran dachte, wie es alles gewesen war, hätte ich die Decke der Zelle anschreien können, hätte die Wände einrennen wollen – es war, als ob ich begraben wäre in einer Gruft, in der Menschen nur noch irrtümlicherweise atmeten. Der Mann, den sie mir jetzt ein-geliefert hatten, störte mich dabei. Störte er eigentlich wirklich? Nun ja, er störte mich, und er störte mich auch wieder nicht. Er störte, wenn er etwas sagte, weil er nichts unterschrieben hatte, was mit den Worten „… auch mit dem Tode" geendet hatte, er störte, weil er nichts über meine Sorgen wußte und ich mich fein hütete, ihm darüber etwas zu sagen. Und er störte mich wiederum nicht, weil er wenigstens atmete, hier und da etwas sagte über seine Frau und seinen Bruder. Natürlich hatte auch er seine Sorgen, so wie ich meine hatte, aber ich bemerkte sie nicht – so, wie er auch nicht daran dachte, meine bemerken zu wollen.

Der Mann war drei Tage bei mir in der Zelle; dann wurde mir unwohl. Abends fühlte ich mich schwach, die Beine trugen mich kaum mehr; in der Nacht bekam ich Fieber – es muß hohes Fieber gewesen sein, denn es zuckte vor meinen Augen, ich zitterte am ganze Körper. Das Schlimmste, so dachte ich, war passiert, was mir unter diesen Umständen außer unter das Hackbeil gebracht zu werden zustoßen konnte: Ich war krank ge-worden. Krank da, wo man stark sein mußte, wo Schwäche sterben bedeutete: auf dem Transport, im Lager, hier. Morgens meldete ich mich krank – jeden Morgen wurde nämlich in einem unabänderlichen Ritual nach dem Gesundheitszustand der Häftlinge gefragt. Der Wachhabende, der die Tagesschicht übernommen hatte, ging von Zelle zu Zelle, hieb mit der Faust auf die Tür und fragte: „Gesund?" Als ich diesmal mehr ächzte als schrie: „Ein Mann krank", ertönte denn auch prompt von draußen die ergänzende Frage: „Wer will in die Fresse kriegen?" Obwohl mir der Sinn durchaus nicht nach der Behandlung stand, wiederholte ich: „Ein Mann". Die Tür öffnete sich, der Mann unter dem Totenkopf sah mich an, fragte, wie ich heiße und wie sich das schreibe, das Fuchs, notierte Name und Zelle und verschwand. Eine Stunde später holte mich die Wache ab und brachte mich ein Stockwerk höher zum Gefängnissanitäter Weiser, einem wackligen, senilen Stabswachtmeister der Gendarmerie. Schon weil er der einzige war, der keinen schwarzen Spiegel mit den SS-Runen oder dem Totenkopf auf der Uniform trug, sondern fast zivil anmutete in seiner grüngrauen Uniform mit den braunen Achselstücken, hatten wir ihn für einen ungefährlichen, schon fast liebenswürdigen Mann gehalten, vor dem man sich eigentlich nicht so sehr zu fürchten brauche. Erst nach dem Kriege erfuhr ich, daß dieser Mensch ein furchtbar abwegiger Sadist gewesen war, der von einem pathologischen Haß gegenüber alten Menschen besessen war. Er muß Hunderte alte Kranke oder im Gefängnis Krankgewordene eigenhändig umgebracht haben: Er pflegte sie auf dem Abort der Krankenstation an der Klosettleine zu erhängen. Aber ich war damals noch nicht alt – zu mir benahm er sich anständig: Als er festgestellt hatte, daß ich kaum mehr atmen konnte und daß ich hohes Fieber hatte, fragte er einen Häftling, der gerade den Fußboden schrubbte, was mir wohl so fehlen könnte. Der Befragte wrang den schmutzigen Lappen sorgfältig in den Eimer aus, steckte mir einen Holzlöffel in den Hals und konstatierte „Diphtherie". Dann empfahl er eine Injektion, eine, wie er sagte, Pferdeinjektion. Der Fußbodenreiniger, der Gehilfe des Sanitätsstabswachtmeisters der Gendarmerie war, mußte es wissen – er war nämlich im Zivilberuf Professor an der Medizinischen Fakultät der Karlsuniversität gewesen. Ich bekam meine Injektion und wurde nach Hause, das heißt zu meiner Zelle 118, geschickt. Ich gestehe – es ging schrecklich mühsam. Ich schlich mehr, als ich ging – hätte es keine Geländer gegeben, wäre ich die Treppe nie herunter gekommen. Ich muß einen merkwürdigen Anblick geboten haben: Da, wo angstgejagte Häftlinge nur von einer Stelle zur anderen hasten, nie stehen bleiben oder gar um sich umher schauen durften, kroch da ganz, ganz langsam ein junger Kerl von Stufe zu Stufe, fast so, als ob er zur Rasse der wirklichen Menschen gehört hätte. Tatsächlich kam ich so auch nicht weit: Mitten auf der Treppe bemerkte mich ein SS-Mann und kam drohend auf mich zu. „Ich habe Diphtherie", schrie ich in Todesangst, denn hätte der Mann zugeschlagen, wäre von mir höchstens ein Häufen Nichts übrig geblieben. Das Wort „Diphtherie" wirkte Wunder: Der Mensch unter dem Totenkopf mit den gekreuzten Beinknochen schien blitzschnell zu bedenken, daß sich bei Diphtherieerregern die Lehre von der Überlegenheit der Herrenrasse über mich, den halben Untermenschen, noch nicht herumgesprochen haben könnte – und zuckte zurück. „Leck mich am Arsch", sagte er, was ich aber nicht tat. In Wahrheit glaube ich nicht, daß dem Mann damals sehr viel an der Befolgung seines Befehls gelegen haben kann. Jedenfalls kroch ich zu meiner Zelle zurück, wurde eingelassen und eine Stunde später vom Herrn Gendarmeriestabswachtmeister Weiser abgeholt.

Ich mußte alles mitnehmen, was mein in der Zelle war: den Mantel, das Reservehemd, die Strümpfe, das in monatelanger Hungerarbeit aufgesparte Stück Brot, das ich vorbereitet hatte für den Fall, daß ich eines nachts zum Transport in ein Konzentrationslager oder in irgendein Zuchthaus herausgerufen würde. Die Brotrationen waren damals schon winzig geworden: Da das übrige Essen mehr aus Wasser bestand, lebten wir von einer halben Scheibe Brot am Tag. Wenn man da etwas einsparen wollte, mußte man am Abend des ersten Tages ein Krümelchen übrig lassen, am nächsten Tag waren es dann zwei, am zehnten Tag ein Stück wie ein Daumen – und am Monatsende hatte man dann eine halbe Scheibe Brot, ja man hatte mit der, die einem gerade zugeteilt wurde, geradezu schon eine ganze, hören Sie, eine ganze Scheibe Brot, die man antasten, beriechen, bestaunen, bewundern konnte, die man, so sie nicht ganz gerade gebacken war, mit den Zähnen an dieser oder jener Stelle etwas einebnen konnte, ohne daß gleich das ganze Brot verschwunden wäre.

Der Polizeisanitätsstabsfeldwebel – denn das war ein Stabswachtmeister der Gendarmerie – ging mit mir ins Untergeschoß, da vorbei, wo hinter den Zellentüren die politischen Juden, d. h. jene Juden, die wegen politischer Tätigkeiten inhaftiert worden waren, dahinvegetierten. Von dort öffnete er eine Tür ins Freie, ja, ins Freie. Sicherlich, auch dort gab es hohe Gefängnismauern, waren wir doch immer noch innerhalb des Gefängnisareals – aber wir gingen über Wege, die ich nie gesehen hatte, an Bäumchen vorbei, die ich nie bemerkt hatte, vorbei an einem Gebäude mit hohem Schornstein (die Bäckerei oder das Krematorium, dachte ich bei mir) und an einer Kirche, dann schloß der Gendarm ein Tor zu einem anderen Gebäude auf, wir gingen durch einige Gänge und kamen in einen vollkommen leeren Raum. Hier hieß mich der Stabswachtmeister warten und verschwand mit irgendwelchen Papieren, die er die ganze Zeit hinter die Ärmelaufschläge gesteckt gehalten hatte.

Mir ging es elend. Den Weg hierher hatte ich mich zusammengenommen, denn ich hatte gehört, man würde Leute, die liegen blieben, umbringen. Aber hier ging es nicht mehr weiter – ich kauerte mich in eine Ecke und schloß die Augen. Irgendwann muß jemand gekommen sein und mir gesagt haben, ich solle mich ausziehen – ich erinnere mich nur noch daran, daß ich lange auf dem eiskalten Betonboden gelegen haben muß, ehe mich ein hünenhafter Kerl in einer Art grauer Uniform ansprach: „Was tust du denn da?" Ich wollte aufspringen, Meldung erstatten, so etwas wie „Zelle hundertachtzehn, ein Mann, eigentlich zwei Mann, alles in Ordnung, in Ordnung, in Ordnung …" schreien, vielleicht habe ich so etwas auch nur gemurmelt – der Mann jedenfalls antwortete tschechisch: „Mach keinen Quatsch" und hob mich wie ein Stückchen Nichts auf seine Arme und brachte mich weg. Ich weiß nur, daß ich mich wie ein Vogel ins Nest duckte – es war der erste Mensch, der mich nach so langer Zeit wieder in die Arme genommen hatte und mich jetzt sogar irgendwohin trug. Dann schlief ich ein.

Was dann mit mir geschehen ist, weiß ich nicht. Ich weiß nur, daß ich lange danach – ob es Stunden waren, ob es Tage waren – in einem Bett aufwachte, bekleidet mit einem Nachthemd, das nur aus Vorderteil und Hinterteil bestand mit einem Schlitz für den Kopf dazwischen. Der Raum, in dem mein Bett mit noch drei anderen Liegestätten stand, war recht groß (jedenfalls schien er mir so nach den Monaten, die ich in meinem Viereck vier mal drei Meter verbracht hatte); er hatte ein echtes, natürlich vergittertes Fenster und – ich konnte es kaum fassen – eine Tür, die unverriegelt war und durch die hier und da auch jemand eintrat. Ich dachte, ich träumte und machte darum die Augen wieder schnell zu – vielleicht, so dachte ich, verschwindet das alles wieder, wenn ich sie ganz auf mache. Und das Wunderbarste war, daß ich Menschen sprechen hörte, ganz normal, laut, tschechisch sprechen hörte, daß sich Leute unterhielten. In einem Gestapobau war es wie im Grab gewesen, man hatte nie auch nur eine einzige menschliche Stimme vernommen, nie einen Menschen lachen, ja nicht einmal weinen gehört: Nur – und das auch noch selten – waren die rauhen „Los, los"-Rufe der Wächter ertönt, das

drohende, fast nur gemurmelte: „Du da, der mit der Brille, komm einmal her", worauf der dumpfe Schlag mit der Faust oder der Stoß mit dem Gewehrkolben und der Aufschrei des Getroffenen folgten. Aber hier redeten die Menschen! Bald erfuhr ich, daß ich mich jetzt in der tschechischen Strafanstalt, im Zuchthaus also, befände, im Krankenbau, und zwar in einem Stockwerk für Infektionskrankheiten, das der Gestapo „gehörte", das aber unmittelbar von der tschechischen Zuchthausverwaltung betreut würde. Wachen waren hier tschechische Gefängnisaufseher, Protektoratsbeamte also. Man sah sie kaum – schließlich waren wir allesamt hochgradig ansteckend –, und wer möchte schon gern Typhus, Diphtherie, Scharlach, Rotlauf und ähnliche fiese Sachen mit nach Hause bringen? So beschränkten sie sich darauf, abends die Zellentüren zu verschließen, darauf zu achten, daß kein Unbefugter den vergitterten Gang zu den Infektionszellen betreten konnte und daß schließlich (das kontrollierte man alle vierzehn Tage) die Fenstergitter nicht durchgesägt waren. Diese Untersuchung selbst war lustig: Ein Kalfaktor mußte schon vorher einen Stuhl vors Fenster setzen, daß der kontrollierende Beamte auch jede Ecke des Gitters mit seinem Eisenstab würde erreichen können – dann nahm der Aufseher auf dem Gang, wo er weniger Bakterien vermutete als in unserem Zimmer, tief Atem, stürzte in unser Gemach, sprang auf den Stuhl, wobei er in Atemnot immer röter wurde wie ein Tiefseetaucher, rappelte über die Fenstergitter – einmal von links nach rechts, dreimal von oben nach unten und rannte dann so schnell er konnte hinaus, um dort in Sicherheit tief aus- und dann wieder einatmen zu können.
Aber der Mann, der immer um uns herum war, hieß Karel Stehlík. Es war jener Hüne, der mich auf dem Betonfußboden gefunden und aufgehoben hatte. Stehlík war hier Kalfaktor, d. h. er war eine Art Gehilfe des kaum in Erscheinung tretenden Wachpersonals. Er kümmerte sich um Wäsche, um Medikamente, darum, daß man uns in der Küche nicht bestahl. Er verteilte Seife oder das, was man damals als Seife bezeichnete – eine Art Ton mit Kalilauge getränkt. Aber hauptsächlich war er da, wenn es uns schlecht ging.
Karel Stehlík war ein Krimineller. Man hatte ihn ertappt, als er, der den ehrbaren Beruf eines Fleischergesellen erlernt hatte, nächtlings ein Schwein aus dem verschlossenen Verschlag im Stall eines Bauern gestohlen hatte. Der Bauer auf der Wache vor dem Stall hatte nicht bemerkt, daß ihm inzwischen ein Nichtsnutz den Doppelzentner Leckerbissen geklaut hatte. Karel Stehlík war nämlich zu seinen zivilen Zeiten nicht nur Flei-

schergeselle gewesen. Er hatte auch die Würde eines tschechischen Box-
meisters im Halbschwergewicht errungen. Der Mann war bärenstark.

Wie er es denn fertiggebracht hätte, den Bauern zu überlisten? Karel
lachte – er lachte eigentlich immer –, er habe die halb verrotteten Ziegel
des baufälligen Stalls einfach ganz leise aus dem Gemäuer herausgezogen
und sei dann durch das Loch von hinten in den Verschlag eingestiegen.
Aber hätte denn das Schwein nicht gequiekt beim Hinausschleppen? „Das
muß man können", meinte der Räuber, „man muß dem Schwein einen
Sack über den Kopf stülpen, der halb voll gestampfter Holzkohle ist. Beim
Einatmen verschluckt sich dann das Vieh und kann nicht mehr schreien.
In dem Augenblick mußt du zustechen – direkt ins Herz", belehrte mich
Karel für den Fall, daß ich einmal in seine Fußstapfen treten würde.

Vielleicht wäre die Strafe, die er bekam, schlimmer ausgefallen, wäre das
heimtückisch abgewürgte Tier zur offiziellen Versorgung der Protektorats-
bevölkerung oder in die Kochtöpfe der deutschen Besatzungsmacht
bestimmt gewesen: Da der bestohlene Bauer jedoch zweifelsohne sein
Schwein schwarz zum Eigenbedarf aufgezogen und zur Schlachtung
bestimmt hatte (weshalb er ja auch zur Zeit der Fettreife des Tiers vor der
Stalltür gewacht hatte, daß ihm nur ja niemand zuvorkäme), hatte das
Gericht die Untat des Karel Stehlík nur milde mit einigen Jahren Zuchthaus geahndet. Hätte das Hohe Gericht gewußt, daß sich der Ex-Box-
meister des Protektorats Böhmen und Mähren regelmäßig bei der Ver-
minderung transportierter Getreidesäcke betätigt hatte (Karel nannte das
„Abstauben"), indem er sie vom fahrenden Lkw abwarf und dann später
eilends aufsammelte, um den Inhalt kiloweise auf dem Schwarzmarkt zu
verhökern, wäre Karel Stehlík nicht im Krankenbau des ordentlichen
Zuchthauses von Prag, sondern mit Sicherheit im Gestapogefängnis als
Saboteur der Kriegswirtschaft des Großdeutschen Reichs gelandet und
hätte nach kurzer Zwischenstation unter den „Politischen" sein Ende
unter dem Fallbeil gefunden. Aber das Hohe Gericht hatte eben nichts
von der weiteren Nebenbeschäftigung des Angeklagten gewußt – und
wenn es darüber etwas gewußt haben sollte, privat etwa, denn schließlich
wollten der tschechische Staatsanwalt, der tschechische Richter, die tschechischen Geschworenen ja auch hier und da aus gutem Weizenmehl
zusätzlich zur kärglichen amtlichen Verpflegung auf Lebensmittelkarten
ein paar selbstgebackene Buchteln oder Semmelknödel auf dem Teller
haben und wo sonst, als auf dem Schwarzmarkt, hätte man ordentliches
„grobes" Mehl denn erstehen können, wie gesagt, wenn die Herren, die

über den Einbrecher Stehlík zu Gericht saßen, nur privat etwas über die Mehlaktivitäten des Angeklagten gewußt haben sollten, ließen sie sich's nicht anmerken. Ob sie früher vielleicht seine Kunden gewesen seien und deshalb kein neues Anklagefeld eröffnet hätten? Karel Stehlík lachte auf, wobei die Grübchen in seinen Wangen noch tiefer und seine Augen noch blauer wurden: Wer könne sich schon an alle Leute erinnern, die hier und da Mehl und Fleisch gebraucht hätten!

Nun ja, er war eben ein Krimineller, der Karel Stehlík.

Merkwürdige Leute gab es da schon unter den Verbrechern. Eine besondere Vertrauensstellung hatte ein Gefangener namens Josef P. inne. Er war wie Stehlík Kalfaktor und konnte sich frei im ganzen Krankenbau bewegen sowie Besorgungen innerhalb der ganzen Strafanstalt erledigen. Erst später begriff ich, warum er diese Vorrechte und die Autorität, die er bei seinen Mitgefangenen genoß, immer wieder nutzte, um uns Politischen vom Gestapotrakt irgendeine Hilfe zukommen zu lassen. Da brachte er einmal rohe Möhren aus der Küche mit, ein andermal ein Glas Magermilch oder einen Pott voll Kartoffeln. Als ich im Krankenbau eingeliefert worden war, bestand ich eigentlich nur noch aus Haut und Knochen. Allzu lange war ich schon im Gefängnis der Geheimen Staatspolizei auf Hungerration gesetzt gewesen. Hier nun konnte ich wieder zu mir kommen; ich bin sicher, daß ich das Kriegsende ohne das Diphtherieintermezzo unter den Sträflingen der tschechischen Haftanstalt nicht erlebt hätte. Josef schien mir damals ein alter Mann zu sein: Wenn man das zwanzigste Lebensjahr kaum hinter sich gebracht hat, erscheinen einem alle, die älter sind als vierzig, fast wie Greise. Wie alt Josef wirklich war, konnten wir nur ahnen – niemand hätte ihn danach gefragt. Vielleicht war er fünfundfünfzig, vielleicht sechzig Jahre alt. Man hätte ihn übrigens noch nach mehr nicht gefragt, besonders nicht danach, warum er hier einsitze.

Verbrecher zeichnen sich gewöhnlich nicht durch besondere Feinfühligkeit aus. Aber sie sind Gebrannte und wissen genau, welchen Dorn jeder für sich in der Seele stecken hat, mit welchen Sehnsüchten und mit welchem Haß und mit welchen Leidenschaften jeder selbst fertig werden muß in einem Leben, dessen Jahre aus Monaten, Tagen, Stunden bestehen, wobei eine Stunde ist wie die andere und die Monate sich nur dadurch unterschieden, daß es einmal draußen kalt und einmal draußen heiß ist. Daher fragen Gezeichnete nicht viel und weichen instinktiv den kaum mit einem dünnen Häutchen abgeschirmten Narben der Seele aus, aus denen das Blut hervorquellen würde, sollte man sie berühren.

Als ich erfuhr, daß Josef jetzt schon siebzehn Jahre im Zuchthaus sei, erschauderte ich. Was waren dagegen meine Monate gewesen, was mein Kummer und meine Einsamkeit! Sicherlich, Josef hatte nicht das Grauen der Gestapogruft mitmachen müssen, den institutionalisierten, eiskalten, organisierten Sadismus der Totenkopf-SS, man hatte ihn nie gefoltert, und er hatte abends nie mit der Angst einschlafen müssen, er könnte in der Nacht abgeholt werden, um nie wieder unter den Lebenden zu erscheinen. Aber siebzehn Jahre, so lange fast, wie ich selbst alt war! Was hatte ich in dieser Zeit schon alles erlebt, was gesehen, wie viele Freuden und wieviel Schlimmes mitgemacht – und dieser hier hatte nichts als Mauern gesehen, Mauern und Gitter und Männer mit riesigen Schlüsselbünden, eine Welt, die aus zwei Sorten, aus graugekleideten Sträflingen und aus uniformierten Vorgesetzten mit blank geputzten Knöpfen und bleichen Gesichtern unter Schirmmützen mit Kokarde und Staatswappen, bestand.

Josef hatte nur ein sehendes Auge – aus der rechten, immer zusammengekniffenen Augenhöhle floß ununterbrochen eine gelbliche Flüssigkeit, es war, als ob der Mann immer weinte. Das zweite Auge schaute traurig drein – es erinnerte an die Augen eines Fiakergauls, der abends im Regen steht und mit seinem Herrn auf die Kundschaft wartet, die gleich nach dem Ende der Oper aus dem erleuchteten Prachtbau des Nationaltheaters herausströmen wird. Obwohl man also immer nur das eine, das traurige Auge fixieren mußte, strahlte das ganze Gesicht doch eine Güte und Milde aus, die auf jeden, der mit Josef sprach, einen tiefen Eindruck machte. Ich hatte bemerkt, daß auch gewalttätige Verbrecher, wie der als brutal und rücksichtslos bekannte Stahlschrankknacker Zelenka, im Umgang mit Josef einen anderen, fast schon zivilen Ton anschlugen, geduldig warteten, bis er eine Antwort oder einen Rat auf ihre Fragen parat hatte. Josef hatte etwas merkwürdig Christliches an sich, etwas Gewaltloses, das jeder Gewalt überlegen war. Ich weiß nicht, ob der Sträfling Josef P. einer Religionsgemeinschaft angehörte – aus dem Werdegang dieses Elenden vermute ich eher, daß er weder katholisch noch evangelisch war; wäre er jedoch Missionar geworden, hätte er viele von der Heilslehre der Bergpredigt überzeugen können.

Josef P. war ein Mörder. Vier Menschen hatte er umgebracht – darunter zwei Kinder. Es waren seine eigenen Kinder gewesen.

Er hatte in Mährisch-Ostrau als Steiger gearbeitet. Viele Menschen, Kumpel zumeist, hatten ihn dort gekannt. Denn von Anbeginn der Republik hatte er sich für die Sache der Bergleute eingesetzt, hatte sich in der revolutionären Gewerkschaft für mehr soziale Rechte und politische Freiheiten jener eingesetzt, an denen die Erfüllung des uralten Traums der Tschechen von der nationalen Befreiung und der Wiederherstellung eines eigenen souveränen Staates ohne Spuren vorübergegangen war. In den großen Auseinandersetzungen zwischen Reich und Arm, zwischen Oben und Unten, zwischen Kapital und Arbeit, zwischen Bourgeoisie und Proletariat (und weiß Gott, in Ostrau gab es damals noch wirkliches Proletariat!) hatte Josef an vorderster Front gekämpft. Das war nicht ungefährlich gewesen: In jenen Zeiten trugen viele eine Pistole in der Tasche, denn man war nie sicher, wann der Gegner zur „Fortsetzung der Politik mit anderen Mitteln" greifen würde. Ist es doch immer der Gegner, dem man die Anwendung verbrecherischer Methoden bei der Durchsetzung seiner Interessen zu unterstellen pflegt. Josef P. hatte auch eine Pistole in der Tasche, eine geladene Pistole. Es genügte nur, sie zu entsichern – und sie würde töten, schneller als das Gehirn des Menschen zu denken imstande ist.

Eines morgens war er eingefahren wie jeden Tag, doch es mag ihm übel geworden sein – jedenfalls kehrte er früher als gewöhnlich nach Hause zurück. Was er da vorfand, ist schon Gegenstand Tausender dümmlicher Witze und trauriger Possen gewesen: Für Josef brach eine Welt zusammen. Die Pistole schoß schneller als das Gehirn denken konnte: Zuerst tötete der Steiger den fremden Mann und dann im selben Bett die Frau, die seine Frau gewesen war. Dann ging er in den Raum nebenan, wo das Bettchen seines zweiten Kindes stand, und erschoß das kleine Mädchen. Auf den Jungen mußte er warten – der war noch in der Schule. Um halb zwei erschoß er sein erstes Kind: Was hätte aus ihm werden sollen, wenn es seinen Vater und seine Mutter überlebt hätte? Dann jagte er sich eine Kugel in den Kopf. Sie drang durch die rechte Augenhöhle in den Schädel ein – beim Austreten aus der Schädeldecke riß das Projektil ein Stück Stirn- und Scheitelbein mit heraus. Man fand die Toten und den schwer verletzten Mörder bald; und da es den Menschen immer darum geht, menschliche Gerechtigkeit walten zu lassen, was heißt, den Schuldigen vor ein menschliches Gericht zu stellen und ihn menschlichen Gesetzen entsprechend zu bestrafen für Böses, das er anderen zugefügt hat, ließ man den Mörder, der nicht nur vier andere Menschen umgebracht, sondern dazu noch Hand an einen fünften, an sich selbst, gelegt hatte, nicht sterben (denn wo käme man hin, wollte sich jeder Missetäter seiner gerechten Strafe durch das Ausscheiden aus der menschlichen Gemeinschaft etwa durch Selbstmord entziehen!), sondern brachte ihn in eine hervorragende Klinik. Und da der Mann für die Ärzte kein soziales oder rechtliches oder gar menschliches Problem, sondern eine interessante medizinische Aufgabe darstellte, an der man übrigens nichts verderben konnte, zogen sie dem Mörder die Splitter aus dem Gehirn, flickten zusammen, was sich zusammenflicken ließ, wobei sie vorzügliche Arbeit leisteten, setzten anstelle des weggeschossenen Schädelteils eine sorgfältig geformte Kupferplatte ein und machten den Patienten (wer hätte damals daran gedacht, daß „Patient" lateinisch „Leidender" heißt?) wieder gesund, so gesund jedenfalls, daß er vor seine irdischen Richter gestellt werden konnte, denn dahin gehörte er, dessen Hände rot vom Blut seiner eigenen unschuldigen (!) Kinder waren.

Josef P. hatte einen fairen Prozeß, denn man lebte ja in einem zivilisierten Land, das stolz auf seine jahrhundertealte Kultur und sein humanistisches Erbe war. Josef bekam einen guten Rechtsbeistand, die Richter waren anständige Leute, der Staatsanwalt war nicht einmal besonders blutrünstig. Aber wer vier Menschen auslöscht – und dazu noch zwei kleine Kinder, wobei er auf das zweite sogar noch so lange lauert, daß eine Tat im Affekt kaum glaubhaft ist –, gehört nun einmal nicht in die menschliche Gesellschaft. Und so war es auch richtig, daß Josef P. zum Tode durch den Strang verurteilt wurde. Genau besehen, war das Urteil nicht einmal grausam – seine Vollstreckung hätte doch nur das vollendet, was dem Selbstmörder nicht gelungen war. Josef P. nahm das Urteil anscheinend ohne Regung an: Alle Tränen, die er je gehabt hatte, hatte er schon in den Nächten zwischen Tat und Prozeß ausgeweint. Doch das tschechoslowakische Gesetz verlangte – denn die Tschechoslowakei war ein humanistischen Traditionen entsprechend eingerichtetes Staatswesen –, daß jedes Todesurteil dem Präsidenten der Republik zur Bestätigung vorgelegt werden mußte, was gleichzeitig einem Gesuch um Gnade gleichkam. Das alles geschah, ohne daß der Verurteilte etwas darüber oder dagegen hätte tun können; das Schreiben an Thomas Garrigue Masaryk, den Präsidenten auf dem Prager Hradschin, wurde verfaßt ohne Wissen des Verurteilten und abgesandt, ohne daß man ihn gefragt hätte. Josef P. wartete, wie sich das gehört, derweil in der Zelle derer, die zum Hängen bestimmt worden waren.

Doch Masaryk, von Beruf Philosoph und ein sehr nachdenklicher Mensch, den es graute, Todesurteile zu bestätigen, tat, was die Richter kraft ihres

Amtes nicht hatten tun dürfen und stellte sich vor, wie dieser Mensch sich um seine Familie gesorgt und wie er sich zeitlebens für andere eingesetzt hatte: Es entzog sich seiner Vorstellungskraft, wie und warum solch ein Mensch zum Mörder werden konnte. Und da Masaryk Dostojewski nicht nur gelesen, sondern auch verstanden hatte und weil er an das Gute im Menschen glaubte und an seine Pflicht, außer humanistischer Aufklärung auch die Lehre der Böhmischen Brüder in die politische, rechtliche und soziale Praxis umzusetzen, begnadigte er den mehrfachen Mörder Josef P. zu lebenslänglichem Zuchthaus. Der gute Philosoph auf dem Präsidentenstuhl hatte den Lebensmüden zum Leben verdammt.

Und so habe ich denn dann – siebzehn Jahre danach – den Josef P. kennengelernt, einen traurigen, milden und sehr stillen Menschen. Einmal hat er sich an mein Bett gesetzt – es war vor Weihnachten –, und er hat mir von seinem Jungen erzählt, von dem Jungen, den er umgebracht hatte. Wie er ihn in die Schule begleitet hatte, wie er ihm in Ostrau die ersten richtigen Lederschuhe gekauft hatte, wie er mit ihm hatte Drachen aufsteigen lassen im rauhen Herbstwind, der den Dunst und den Qualm der Hütten und Schächte zwischen Halden und Fördertürmen vor sich hertrieb. Der Alte mit dem traurigen Gesicht sprach ganz leise, aus seinem linken Auge troff gelbes Wasser, seine Stimme kam von ganz weit her, ich hatte das Gefühl, von da, wo jetzt sein Junge war. Ich war damals noch sehr jung – aber ich verstand, daß der alte Mann längst schon auf der anderen Seite war, daß ihn seine Sehnsucht hinübergezogen hatte und daß alles, was hier mit ihm geschah, für ihn völlig gleichgültig war. Darum bewegte er sich im Gefängnis, als ob er in Freiheit wäre, darum sprach er mit guten Menschen ebenso wie mit bösen: Er war für diese Welt nicht mehr greifbar.

Natürlich freute es ihn, daß seine ehemaligen Kumpel ihn nicht vergessen hatten: Jedes Jahr bekam er zum Geburtstag von den Leuten seiner Zeche ein Paket mit kleinen Geschenken. Auch einem Mörder ist es nicht gleichgültig, wie die Menschen über ihn denken.

Ja, was aus ihm geworden ist? Nach der Befreiung im Mai 1945 fuhr eine Delegation Ostrauer Bergleute nach Prag zum kommunistischen stellvertretenden Ministerpräsidenten Klement Gottwald und baten ihn, die Sache des zu lebenslänglichem Zuchthaus begnadigten Josef P. wieder aufzurollen, denn schließlich habe der Mann schon achtzehn Jahre verbüßt, und nach tschechoslowakischem Gesetz sei eine Freilassung auf Bewährung nach zwanzig Jahren Freiheitsstrafe sogar vorgesehen, wenn dem nicht schwerwiegende Bedenken entgegenstünden. Gottwald, der damals noch nicht wußte, wie viele Menschen während seiner späteren Präsidentschaft den Weg zum Galgen gehen und wie viele unter ihnen seine engsten Freunde, Mitstreiter und Vertrauten sein würden, erinnerte sich des alten Genossen aus den zwanziger Jahren: Mit Hilfe des Justizministers von der Partei der tschechischen Sozialisten, Prokop Drtina, wurde alles in die Wege geleitet, den alten Mann in die Freiheit zu entlassen. Das geschah, ohne daß man den Josef P. gefragt hätte; es hatte eine Überraschung werden sollen. Was wußte schon wer darüber, daß der alte Mörder in Wirklichkeit gar nicht mehr im Gefängnis lebte, daß seine Wirklichkeit eine andere geworden war als die, in der seine Ostrauer Freunde, der Ministerpräsident, der Justizminister, der Gefängnisdirektor lebten, seine Mitsträflinge und alle anderen, die sprachen, lachten, weinten, haßten oder sich nach jemandem sehnten. Man beschloß, den Häftling Josef P., an dessen Existenz höchstes Interesse bekundet worden war, gut versorgt, zumindest gut medizinisch versorgt, in die Freiheit zu schicken. Dabei störte die Ärzte der gelbliche Ausfluß aus der Augenhöhle des Begnadigten. Man müsse, so der Befund, die vor zwanzig Jahren eingesetzte Kupferplatte durch eine neue ersetzen, denn sie war, soweit man feststellen konnte, im Laufe der Jahre vollkommen verrottet, und an ihrer Unterseite hatten sich eiternde Herde entwickelt. Den Ärzten von damals war natürlich nichts vorzuwerfen: Sie hatten vorzügliche Arbeit geleistet – und wer würde schon ein Edelmetall in einen Menschen investieren, der mit Sicherheit nach seiner Wiederherstellung aufgeknüpft werden würde! Aber diesmal war's anders: Josef P. sollte doch leben. Man bereitete eine Platte aus reinem Silber vor.

Einige Zeit nach der Befreiung Prags vom Hakenkreuz, damals, als es draußen blühte und nach Flieder duftete und die Menschen noch kaum ihre Sprache wiedergefunden hatten, ist dann Josef P. auf dem Operationstisch gestorben. Vielleicht, weil es damals noch nicht genug Penizillin gab, vielleicht, weil das Schicksal, die große Unbekannte, humaner war als die Menschen, die dem Josef P. etwas Gutes tun wollten.

Eines Abends wurde bei uns ein Neuer eingeliefert. Obwohl der Mann nicht gehen konnte, denn er hatte hohes Fieber und war am Ersticken, wie das damals noch bei Diphtherie zu sein pflegte, nannte man ihn wie jeden Neuen einen „Zugang". Eine Injektion hatte er schon bekommen – jetzt wickelte ihn Stehlík alle zwei Stunden in kalte nasse Bettücher, um das Fieber herunter zu drücken. So behandelte man eben Diphtherie.

Einige Tage lag der Neue wie ohne Besinnung. Aber er überlebte. Eines Morgens richtete er sich auf, wunderte sich, wo er war und fragte, wie er hierher gekommen sei. Wir erzählten ihm was wir wußten, wie schwer krank er gewesen sei und daß er jetzt wohl das Schlimmste hinter sich hätte. Darin irrten wir uns.

Der Mann hieß Hlavín. Olda Hlavín. Er war Major im Generalstab der tschechoslowakischen Armee gewesen, die nach der Errichtung des Protektorats Böhmen und Mähren im Frühjahr 1939 von den Besatzern aufgelöst worden war. Von Natur aus war der eher kleine, gedrungene Mann ein lustiger Draufgänger, wie es Berufsoffiziere oft zu sein pflegen. Einige Zeit hatte er sich seit seiner Entlassung aus der Armee recht und schlecht durchgeschlagen; wie viele seiner Kameraden trug er die Demütigungen, denen sein Volk ausgesetzt war, mit immer größerem Unwillen.

Es hatte von Anfang an eine Art Widerstand gegen die Besatzungsmacht und deren Kollaboranten aus dem Tschechentum gegeben – aber dieser Widerstand war aus unterschiedlichsten Motiven mit den unterschiedlichsten Zielsetzungen und von den unterschiedlichsten Zentren organisiert und meist äußerst dilettantisch durchgeführt worden. Hatte es noch gleich zu Beginn des Protektorats eine kommunistische Résistance gegeben, die von der Gestapo in Zusammenarbeit mit der Führung der Protektoratspolizei brutal und aggressiv verfolgt wurde, kam dieser Teil des Widerstands praktisch mit der Unterzeichnung des Stalin-Hitler-Paktes zum Erliegen. Das damals illegal erscheinende KP-Blatt „Rudé právo" diagnostizierte einen imperialistischen Krieg der plutokratischen Westmächte Frankreich und England gegen das immerhin nationalsozialistische Deutschland und erinnerte an die schändliche Rolle, die Paris und London zur Zeit der sogenannten Sudetenkrise und während des Münchner Abkommens 1938 gegenüber der ehemaligen Tschechoslowakei gespielt hatten. Es galt, das Bündnis zwischen dem ersten Staat der Arbeiter und Bauern in der Welt und dem nationalsozialistischen Reich Adolf Hitlers trotz westlicher Intrigen und trotz heimtückischer Sabotagen aus dem bürgerlich-nationalistischen Untergrund zu festigen. Denn diesem Untergrund ginge es ja um nichts anderes, als um die Wiederherstellung jenes tschechoslowakischen Staates, der das Unterdrückungsinstrument der tschechischen Großbourgeoisie gewesen sei, wie ja zu wiederholten Malen auf verschiedenen Kongressen der Kommunistischen Partei der Tschechoslowakei, einer Sektion der III. (Kommunistischen) Internationale, festgestellt worden war. Diese verständnisvolle Einstellung

125

der Kommunisten gegenüber den Belangen des Reichs hielt die Gestapo allerdings nie davon ab, jede kommunistische Regung im Keim zu ersticken und jede Gruppe, die auf irgendeine Weise in kommunistischem Sinn tätig werden wollte, zu zerschlagen. Das Verhältnis der tschechischen Kommunisten zu Hitlerdeutschland und zum Krieg änderte sich schlagartig nach dem Überfall der Sowjetunion durch die deutschen Truppen: Ein mit elementarer Kraft aufbrechender Widerstand – nun auch in Fabriken, bei der Eisenbahn, auf dem Lande, also überall da, wo die Kommunisten noch nicht gänzlich ihren Einfluß verloren hatten – bewies, wie weit sich die KP vom Bewußtsein breiter Volksschichten entfernt hatte und die großen Anstrengungen, die sie von nun an unternehmen müßten, um im Widerstand gegen die Okkupanten überhaupt noch eine registrierbare Rolle zu spielen. Denn mit Résistance gegen die Besatzermacht identifizierte man bislang die Kampfgruppen etwa der Sokoln, einer national eingestellten Sportorganisation, die schon einmal in der Geschichte der Tschechen eine hervorragende Rolle im Kampf um die nationale Unabhängigkeit ihres Volkes und um die Errichtung eines eigenen Staates gespielt hatten; man wußte, daß es Kreise von Intellektuellen gab, die versuchten, in illegalen Aktionen die demokratischen Ideen lebendig zu erhalten, aus denen das Selbstverständnis der Tschechen im 19. Jahrhundert gespeist worden war; man wußte, daß es im Theater und in der bildenden Kunst, unter Professoren der von Konstantin Freiherr von Neurath, dem Reichsprotektor von Böhmen und Mähren, geschlossenen tschechischen Hochschulen und Universitäten und unter den bedeutendsten Publizisten, Schriftstellern, Dichtern Leute gab, die unter höchstem Einsatz versuchten, ihren Vorstellungen von Menschenwürde und Anständigkeit treu zu bleiben; man wußte, daß sich aktive Widerstandsgruppen aus ehemaligen Angehörigen der Armee formiert hatten – obwohl man kaum konkrete Vorstellungen haben konnte, womit sich diese Gruppen eigentlich befaßten.

Ende September 1941 übernimmt der Chef des Reichssicherheitshauptamtes, SS-Obergruppenführer und General der Polizei, Reinhard Heydrich, das Amt des Stellvertretenden Reichsprotektors. Zuerst läßt er einige Hundert Personen als Geiseln erschießen: Ihre Namen werden tags darauf in den Zeitungen veröffentlicht. An allen Bretterzäunen und Plakatwänden erscheinen die blutroten Ankleber mit dem Hoheitszeichen des Deutschen Reichs, auf denen immer neue Namen weiterer Toter bekanntgegeben werden. Am 2. Oktober ruft Heydrich die führenden

Funktionäre von Partei, SS, Polizei, Gestapo, SA, in das Czernin-Palais, den Sitz des deutschen Staatssekretärs für Böhmen und Mähren, des SS-Gruppenführers K. H. Frank, und teilt den Anwesenden mit, daß von nun an eine neue Phase in der Auseinandersetzung mit dem Tschechentum begonnen habe. Es gehe gar nicht darum, „dieses Tschechengesindel deutsch zu machen, er wolle die gesamte Bevölkerung einmal völkisch und rassisch abtasten". Da werde es Gutrassige und Gutgesinnte geben, die könne man eindeutschen. Dann gäbe es Gegenpole: Schlechtrassige und Schlechtgesinnte. Für die gäbe es im Osten viel Platz bei der Endlösung. Was aber tun mit Schlechtrassig-Gutgesinnten und mit Gutrassig-Schlechtgesinnten? Die Schlechtrassig-Gutgesinnten sollten so im Reich untergebracht werden, daß sie keine Kinder mehr kriegen könnten – und die Gutrassig-Schlechtgesinnten müßten als Gefährlichste, da sie eine rassische Führerschicht seien, endgültig an die Wand gestellt werden …
Gegen die letztere Gruppe schlägt Heydrich zu, unbarmherzig. Es bedarf dazu weder illegaler Aktivitäten noch Widerstandes – es genügt, zu dieser Gruppe zu gehören. Gegenüber der Arbeiterschaft wählt Heydrich einen anderen Weg: Noch braucht er sie – schließlich ist Deutschland im Kriege, und Böhmen und Mähren gehören zu den wichtigsten Industrie- und Wirtschaftszentren des Reichs, das im Osten und im Süden in schwerste Kämpfe verwickelt ist. Die Hauptaufgabe ist hier, Ruhe zu schaffen, mögliche Sabotagenester auszutrocknen und kommunistische Umtriebe im Keim schon zu liquidieren. Dazu müssen die Arbeiter aktiv gewonnen werden. Heydrich lädt Arbeitervertreter aus den größten Betrieben in Prag-Lieben und aus Wissotschan zu sich auf die Prager Burg und läßt sich von ihnen über ihre Beschwerden informieren. Das ist diesen Leuten noch nie geschehen – nicht einmal zu Zeiten der Republik T. G. Masaryks. Heydrich ordnet Sonderzuteilungen für Schwer- und Schwerstarbeiter an, Milchzuteilungen für bestimmte Berufszweige, höhere Löhne. Der Widerstand gegen die Deutschen bröckelt in den großen Werken merklich ab; die Produktionskurven gehen steil nach oben – Heydrich ist in kurzer Zeit das Kunststück gelungen, nicht nur einen Keil zwischen Arbeiter und demokratische Intellektuelle, sondern auch zwischen die illegale KP-Führung und deren angestammte Klientel zu treiben …
Als sich herausstellt, wie gefährlich Heydrich für den ohnehin schwach entwickelten Widerstand und für das Image der Tschechen als dem typischen Kollaborantenvolk bei den westlichen Alliierten geworden ist, beschließt Edvard Benes, der tschechoslowakische Exilpräsident in London, Hey-

drich durch ein Kommandounternehmen umbringen zu lassen. Das Attentat gelingt – der Nachfolger Heydrichs, der SS-Oberstgruppenführer Kurt Daluege, watet im Blut. Der Widerstand, der auf diese Aktion nicht vorbereitet war, wird zerstampft. Er hat sich bis Kriegsende von diesem Schlag nicht erholt.

Und trotzdem hat es immer wieder Gruppen gegeben, die sich, oft isoliert, oft stümperhaft, oft sträflich unvorsichtig, oft mit der Kraft der Verzweifelten, festgebissen haben in einen Gegner, der allmächtig war, dessen Herrschaft reichte von den Pyrenäen bis zur Wolga, vom Polarkreis bis zur Sahara, dessen Grausamkeit die Barbarei Dschingis-Chans in den Schatten stellte und der auch bereit war, ohne Rücksicht auf Recht und Moral seine Herrschaft zu behaupten.

Zu einer dieser Widerstandsgruppen hatte Hlavín gehört. Sie hatte sich aus Angehörigen des ehemaligen Offizierskorps zusammengesetzt; operiert hatte sie im südwestlichen Raum von Böhmen. Die Bedeutung dieser Gruppe dürfte eher moralischer Art gewesen sein: Kleine Partisaneneinheiten, die im Verlauf des Jahres 1944 insbesondere in bergigem und waldreichem Terrain entstanden, wurden meist von kommunistisch inspirierten Zentren von außen geleitet. Dennoch dürften der Offiziersgruppe, zu der Hlavín gehörte, einige Sabotageakte gegen SS- und Wehrmachtseinheiten im Protektorat gelungen sein, da ja die im Untergrund operierenden Offiziere nicht nur Terrain und militärische Objekte perfekt kannten (vor gar nicht so langer Zeit hatten sie ja in ihnen das Sagen gehabt) – sie kannten auch vorzüglich den inneren Tagesablauf und die Gepflogenheiten militärischer Einheiten, die sich untereinander ja nicht durch Welten unterschieden. Die Offiziere hatten Kontakt zum sogenannten Regierungsmilitär, einer Paradeeinheit, die Hitler bei der Errichtung des Protektorats Böhmen und Mähren dem Staatspräsidenten der autonomen Protektoratsregierung, Emil Hácha, als Symbol für dessen Pseudosouveränität zugestanden hatte; das Offizierskorps war aus Angehörigen der ehemaligen Armee zusammengesetzt worden, soweit sie sich bereit gefunden hatten, auf Hitler und das Reich den Treueid zu leisten. Je mehr sich herausstellte, daß der Endsieg des Reiches doch nicht ganz so sicher war, wie man es noch in den Jahren der größten Expansion des deutschen Machtbereichs hatte annehmen können, desto häufiger dachte man auch in den Reihen einer Kollaborantenformation, wie es das Regierungsmilitär, das Vládní vojsko, war, darüber nach, wie man den Hupfer aus gehorsamem Naziuntertan zum ehrbewußten, treuen tschechoslowakischen Offizier zurückvollführen könne. Dazu galt es zur rechten Zeit Vorkehrungen zu treffen: Eine unverbindliche Kooperation mit Untergrundkameraden bot sich hier direkt an. Und dann gab es ja auch noch die vorzüglich ausgebildete und verhältnismäßig gut bewaffnete tschechische Gendarmerie und Polizei, die durchaus in Frage kam als Basis für künftige größere Aktionen.

Es war jedoch ein Irrtum anzunehmen, daß die eigentlichen Machthaber im Protektorat bereit sein könnten, ihre Positionen wie weiland die Österreicher gegen Ende des Ersten Weltkriegs langsam zu räumen und die Macht stückchenweise in die Hände der bisher brutal Unterdrückten abzugeben. Je mehr sich das Ende näherte, um so grausamer griff die Besatzungsmacht ein – bis zum letzten Tage ihrer Herrschaft. Die endgültigen Opfer dieser Politik der verbrannten Seelen sind dann schließlich die Deutschen geworden, die den Tschechen nach der Revolution 1945 in die Hände gefallen sind; die endgültigen Opfer dieser Politik der Ausrottung Andersdenkender sind schließlich die Millionen Flüchtlinge und Vertriebene geworden, die der aufgestaute tschechische Volkshaß getroffen hat.

Dies alles mögen die Offiziere, zu deren Gruppe Hlavín gehörte, nicht bedacht haben – jedenfalls griff eines Tages die Gestapo zu und nahm den ehemaligen Major im Generalstab fest.

Hlavín war, ich berichtete es bereits, ein eher kleiner, stämmiger Mann mit einem wohltrainierten Körper. Aber als er ihn mir einmal zeigte, schauderte ich zurück: Es gab wohl kaum eine Stelle, an der er keine Narbe gehabt hätte, Spuren von unvorstellbaren Peinigungen bei den Verhören, in denen ihn die Gestapo zwingen wollte, Namen und Kontakte preiszugeben. Man schlug ihm die Zähne aus, man trat ihm in die Weichteile, man brach ihm die Knochen. Doch der Mann hielt aus. Bis man seine kleine Tochter herbeibrachte und begann, ihr die Nägelchen auszureißen – da brach der Vater zusammen. Und begann zu reden.

Die Gestapo brauchte dann nur noch zuzugreifen; das, was sie in ruhigen Zeiten getan hatte, nämlich geduldig zu observieren, wie sich illegale Organisationen entwickelten, wo sich ihre Metastasen bildeten, V-Männer in Untergrundorganisationen einzuschleusen: Das alles galt jetzt nicht mehr – jetzt mußte ausgerottet werden. Und so wurde die Offiziersgruppe, zu der Hlavín gehört hatte, ausgehoben, standrechtlich abgeurteilt und gehenkt.

Nach dem Krieg wurde Hlavín dann vor ein tschechoslowakisches Kriegsgericht gestellt und wegen Verrats verurteilt.

Ich habe mich oft gefragt, ob ein einziger unter den Militärrichtern, die über ihren ehemaligen Kameraden das Urteil fällten, am Widerstand teilgenommen hatte? Oder ein einziger von ihnen wenigstens in einem Verhör hatte bestehen müssen, in dem einem ein Geständnis aus dem Leibe gepeitscht wird – tief unter der Erde in hoffnungsloser Einsamkeit, in der man schreien kann, so viel und so laut man will: Es hört einen ja doch niemand? Und ich habe mich oft gefragt, wie ich mich benommen hätte, wie sich jene Richter benommen hätten, die den Hlavín aus der Gesellschaft der „anständigen Menschen" ausstießen, wenn man vor mich, wenn man vor sie ihr eigenes Kind gezerrt und es vor mir, vor ihnen gemartert hätte. Hätte nicht auch ich, hätten nicht auch sie aufgeschrien vor Entsetzen, vor der Ruchlosigkeit der Staatsmacht; die in den Händen von Mördern und Henkern war? Und gesungen? Als wir dem kleinen Major gesagt hatten, er hätte nun das Schlimmste hinter sich, hatten wir uns geirrt …

Wer sagt, daß Weihnachten die fröhliche Zeit im Jahre sei! Ich kenne keine Tage, die trostloser, trauriger, hoffnungsloser wären als die des Festes der Liebe und der brennenden Weihnachtskerzen. Eben wenn man sich nach der Liebe und nach zu Hause und nach einem Menschen sehnt, den man in die Arme schließen und von dem man in die Arme geschlossen werden möchte.

Je mehr sich der Heilige Abend näherte, um so schweigsamer wurden die Leute in unserer Stube. Bis jetzt hatten wir oft gelacht, fühlten wir uns doch hier fast wieder wie Menschen und hatten doch schon fast die peinigende Angst um das tägliche, das stündliche Leben verdrängt – jetzt aber brach es hervor, was wir aus Selbsterhaltung verschüttet hatten, und es gelangte tief in unser Bewußtsein: daß das Leben hier doch nur ein Leben auf Pump war und daß wir uns von denen, die im Beilzimmer oder in irgendeinem Konzentrationslager schon krepiert waren, doch nur dadurch unterschieden, daß wir noch atmeten. Daß das ganze Leben, das wir hier führten, doch eigentlich nur etwas Fiktives war, etwas Absurdes schon deshalb, weil wir als Verbrecher deshalb galten, weil wir gegen ein Regime von Verbrechern gestritten (und noch dazu wie dumm, wie dilettantisch gestritten) hatten.

Dazu kam die Sehnsucht nach zu Hause, nach einem einzigen guten Wort, nach auch dem leisesten Hauch von Weihnachtsbaum und Frieden. Ich weiß noch, wie ich auf dem Bett im Isolationszimmer des Gefängnis-krankenhauses liege und an die Decke starre. Oben brennt die ganze Nacht eine Glühbirne: Sie soll gegen Wanzen helfen – vor allem aber jederzeit den Blick durch das Guckloch in die Zelle möglich machen. Daß draußen ohnehin niemand kontrolliert und daß die Wanzen zu Tausenden unterwegs sind mit und auch ohne Beleuchtung spielt dabei keine Rolle: Die Lampe an der Decke hat die ganze Nacht über zu brennen. Draußen lastet über dem ganzen Gefängnis eine Nacht wie Pech; im Krieg gibt es ja keine Straßenbeleuchtung, die wenigen Laternen sind sorgfältig abgeblendet, alle Fenster sind dunkel; denn es darf ja kein Lichtstrahl in die Nacht dringen. Außerdem wird der elektrische Strom ja streng bewirtschaftet – wem würde schon einfallen, die wertvollen Kilowattstunden unnütz in der Nacht zu verplempern. Und da es kaum mehr etwas zum Heizen gibt, sitzt man abends nicht auf, man geht früh schlafen. Die Straßenbahnen fahren mit kleiner Notbeleuchtung; ihre Fenster sind blau getönt, sie sehen in der Nacht eher wie Geisterschiffe aus, als wie wirkliche Verkehrsmittel. Und so bleibt der Himmel über der schweigenden Stadt tief schwarz – kein Farbtupfer, kein Abglanz irgendeines Lichtes kann von den tief hängenden Winterwolken aufgefangen und wieder zurückgestrahlt werden. Gegen Mitternacht ist die letzte Straßenbahn in die Remise von Prag-Pankratz zurückgekehrt – wir können hören, wie sie über die letzten beiden Weichen stolpert, zum letzten Mal leise Zingeling macht und der Straßenbahnschaffner die Kurbel vom Motor abzieht. Dann ist Stille, Stille wie in einem Grab. Doch nein – plötzlich zischt es unten an unseren Fenstern vorbei, da, wo die Wolfshunde mit Rollen an einem Drahtseil rings um die Hochsicherheitstrakte der Strafanstalt festgemacht sind. Wenn die Hunde rennen, ist es, als ob ein riesiger Schweißapparat Mauern und Gitter und Gehirne zerschneiden würde, es ist, als ob aus einem dünnen Loch in einem Rohr Dampf mit mächtigem Druck entweiche.

Das Geräusch entfernt sich, kommt wieder, zischt am Fenster vorbei in die dunkle Nacht. Hunde, die auf Menschen dressiert sind: Ist das nicht furchtbar? Ich fühle die Perversität: Tiere wurden in Jahrtausenden abgerichtet, um den Menschen zu dienen, um den Menschen untertan zu sein, um den Menschen zu helfen, besser im Kampf gegen die Gewalten der Natur zu bestehen – und hier sind sie abgerichtet, den Menschen zu jagen, zu packen, zu zerreißen, abgerichtet, als Teil einer Naturgewalt den Menschen zu zerstören. Am Tage sind die Tiere in ihren Zwingern – sie werden nur zur Nacht hinausgelassen. Dort unten sitzen sie nun und heulen ihre eigene Sehnsucht nach Freiheit in den schwarzen Himmel und in die eiskalte Nacht hinaus – und dann laufen sie, festgemacht an ihren Leinen und an ihren Rollen, durch den tiefen Schnee in Loipen, die ihre Pfoten in tausendmaligem Hin und Her ausgetreten haben, selbst nur Symbol und Mittel der Unterdrückung, entlang der Gitter, die zwischen uns und der Freiheit von Menschen, die unsere Herren und gleichzeitig die Herren der Hunde sind, errichtet worden sind.

Es wird mir kalt ums Herz, mich fröstelt. Denn ich bin noch sehr jung und kann vieles noch nicht begreifen. Man hatte mir beigebracht, der Mensch sei gut; man hatte mir beigebracht, es zieme sich nicht zu streiten, auch dann nicht, wenn man im Recht sei, denn der Klügere habe nachzugeben; man hatte mir beigebracht, wahrheitsliebend zu sein, denn wer lüge, der stehle auch; man hatte mich gelehrt, arglos durchs Leben zu gehen.

Ich starre an die Decke, fühle wie die schwarze, frostige Nacht von draußen an mein Herz packt und möchte heulen vor Sehnsucht und Kummer und Einsamkeit und Ratlosigkeit, wie ich denn nun mit all dem fertig werden solle: mit meiner erbärmlichen Sehnsucht nach meiner Mutter, mit meinem winselnden Kummer und meiner trostlosen Einsamkeit – und draußen heulen die Hunde, und es zischen ihre Rollen über die Laufstahlseile.

Weihnachten – das Fest der Freude, der Liebe! Meine Mutter und mein Vater stehen halb verdeckt hinter dem Weihnachtsbaum, meine Mutter hat ihr festlichstes Kleid angezogen, mein Vater den dunklen Anzug und ein Hemd mit gestärktem, weißem Kragen; er trägt eine Weste, in der seine alte goldene Taschenuhr an einer goldenen Kette hängt. Ich sehe ihn, wie er uns durch seine ovale, randlose Brille betrachtet, wohl etwas gerührt über so viel Gewimmel und Aufregung. Dann stimmt meine Mutter ein Weihnachtslied an, mit einer etwas brüchigen Stimme zu Beginn, sie singt „Vom Himmel hoch da komm ich her ...", und unser Vater stimmt mit seinem Brummton ein – er schämt sich, selbst zu singen. So brummt er die zweite Stimme. Und die Ida sagt dem Alfred und der Adele und mir, wir sollten doch nachgucken, was uns das Christkind gebracht hätte, und der Alfred, der zwei Jahre jünger ist als ich, findet hinter dem Weihnachtsbaum eine Dampfwalze zum Aufziehen – er ist so aufgeregt, daß ihm scheint, es käme Dampf aus ihrem Schornstein. Und das Adelchen – sie ist damals noch ganz klein – kriegt ein Püppchen und ich einen Chemiekasten und noch zwei Weichen für die Eisenbahn –, es ist großartig, es ist wunderbar! In der Wohnung duftet es nach Weihnachtsgebäck – schon einen Monat lang hat meine Mutter mit der Ida gebacken, jeden

Tag etwas anderes: Zimtsterne und Gebäck mit Schokoladenguß und Nußhörnchen und gefüllte Sterne und Mandelsplitter und Spritzgebäck. Dabei haben wir helfen dürfen – am Abend sind wir dann mit ihr vor das Haus hinausgetreten und haben zugeguckt, wie die Sonne hinter roten Wolken wie ein Feuerball untergeht. Und wenn der letzte Sonnenstreifen verschwunden war und nur noch der westliche Winterhimmel rot leuchtete, sagte meine Mutter: „Seht Kinder, wie das Christkind in seinem Ofen bäckt" – nicht, daß wir ausdrücklich geglaubt hätten, daß es das Christkind wirklich tut, sondern es war gut so, daß alles so war, wie es unsere Mutter sagte.

Und zu Weihnachten dann setzte sich meine Mutter unter die Lampe und nahm ihre alte schwarze Bibel mit dem Goldschnitt aus der Tasche und las die Geburtsgeschichte vor – jedes Jahr tat sie es, und jedes Jahr mußte sie in der Mitte aufhören, weil sie weinen mußte, so gerührt war sie von der Geschichte. Und unser Vater, der doch eigentlich ein Jude war, war auch gerührt und mußte sich dann ganz fest die Brille putzen.

Und so lag ich auf dem Bett in der Strafanstalt Prag-Pankratz und starrte an die Decke. Und als ich mich zur Seite wandte, ob die anderen nicht meinen Kummer bemerkt hätten, sah ich, daß sie alle wie ich an die Decke starrten – und daß ihnen die Tränen an der Backe entlang in die Ohren liefen wie mir.

Am Heiligabend wurden wir früher verschlossen als sonst. Die Gefangenenwächter wollten an diesem Tag auch lieber zu Hause sein als im Gefängnis. Es gab als Sonderzuteilung ein winziges Schüsselchen Grießpudding und ein kleines Äpfelchen. Der tschechische Wachmeister wünschte beim Verschließen frohe Weihnachten.

Ganz in der Ferne ertönte Glockengeläut – sehr weit weg. Wir schwiegen. Es war ganz still geworden. Auf einmal hörten wir, wie sich im Schloß der Zellentür der Schlüssel von draußen ganz, ganz sachte umdrehte, die Tür öffnete sich, und herein trat auf Zehenspitzen unser Karel Stehlík. In den Armen trug er einen ganzen Berg von Äpfelchen. Er hatte sie für uns im Lager gestohlen – wo sonst? Er sagte: „Veselé Vánoce, kluci – Fröhliche Weihnacht, Jungens." Und dann mußte er plötzlich weinen. Die Äpfel kullerten aus seinen Armen. Und dann drehte er sich schnell um und verschwand, wie er gekommen war.

Was niemand hatte vorhersehen können und was eigentlich kaum jemand mehr befürchtet hatte, war eingetreten: Die Deutschen hatten im Westen wieder die Initiative übernommen, sie hatten in den Ardennen angegriffen, den Vormarsch der Alliierten zum Stehen gebracht und waren dabei, die Amerikaner, Briten und Franzosen zurückzuwerfen.

Hatte es bis jetzt für uns nur noch nach einem Wettlauf ausgesehen, wer schneller wäre: der Henker an unseren Kehlen oder die Russen oder die Amerikaner in Prag, schien die Hoffnung auf ein baldiges Ende wieder in weite, weite Ferne gerückt. Als Hitler Frankreich angegriffen hatte, hatten die Leute gelacht, er würde sich schon die Zähne an der Maginot-Linie ausbeißen. In ein paar Wochen hatte er Frankreich in die Knie gezwungen. Als er in Rußland einmarschiert war, hatten ihn die Leute für verrückt gehalten: Stalin mit seiner riesigen Luftmacht, mit seinen Millionen Soldaten und mächtigen Panzern würde ihm schon in den unermeßlichen Weiten seines Landes den Garaus machen, schneller noch, als die Zwetschen an den Bäumen blau werden würden – und dann ertönten aus allen Lautsprechern am Wenzelsplatz und auf dem Graben, in der Schwerin-Straße und auf dem Burgplatz, überall, die siegreichen Fanfaren mit dem Lied des Rußlandfeldzugs. Das Oberkommando der Wehrmacht gab bekannt, wie tief die deutschen Truppen eingebrochen waren ins russische Riesenreich, wie ihnen Millionen Kriegsgefangene in die Hände gefallen seien, welche Berge von Beute sie gemacht hätten, daß sie sich auf dem unaufhaltbaren Vormarsch befänden und der Feind in voller Flucht sei …

Ja doch, ja, dann zogen sich die Deutschen wieder zurück von Moskau und von Leningrad, die Paulus-Armee wurde bei Stalingrad vernichtet, die Russen schoben sich wieder langsam gen Westen voran – aber das ging so langsam, langsam! Was konnte alles geschehen, ehe sie wirklich hier wären! Hatte man nicht erlebt, wie sie während des Warschauer Aufstands am gegenüberliegenden Ufer der Weichsel stehengeblieben waren und ungerührt zugesehen hatten, wie die polnische Hauptstadt von den Deutschen in Grund und Boden geschossen wurde und die polnischen Aufständischen liquidiert wurden? Und hatten nicht die Amerikaner und Engländer bis ins Unerträgliche gezögert, ehe sie ihre Zweite Front in der Normandie errichtet hatten? Und waren sie nicht lieber weitab in Süditalien gelandet, um von dort her die Okkupanten zurückzudrängen? Sahen sie denn nicht, die da draußen, in welcher Situation wir waren? Warum nahmen sie den Krieg so wenig ernst, warum nahmen sie uns so wenig ernst? Und jetzt noch der deutsche Gegenangriff – ihr werdet sehen, was sich die Deutschen vorgenommen haben, erreichen sie auch – und das Ganze wird noch Monate, Jahre länger dauern …

Gewiß, wir waren keine Strategen, und wir wußten nicht, worüber wir redeten. Die Nachrichten, die wir von draußen bekamen, bestanden nur aus Bruchstücken, was fehlte, kombinierten wir uns eben selbst dazu. Dabei konnte uns auch der Major Hlavín nicht helfen. Er wußte nicht mehr als wir. Es war furchtbar: An der Schwelle des Jahres, das – und davon waren wir bislang felsenfest überzeugt gewesen – den Frieden hätte bringen sollen, nein müssen, siegten die Deutschen wieder. Daß die Deutschen damals schon lange nicht mehr siegten und daß ihr verzweifelter Gegenangriff in den Ardennen schon am Heiligabend zum Stillstand gekommen war, konnten wir nicht wissen. Die Tatsache allein, daß Hitler noch jetzt über solch mächtige Mittel verfügte, daß er den westlichen Alliierten die Stirn bieten konnte, war niederschmetternd. Schlimmer noch: Wenn er es darauf angelegt hatte, den Westen vor den Grenzen des Reichs festzuhalten, wie stark mußte er sich doch erst gegenüber den Russen fühlen! Hätte er nicht sonst den Amerikanern und Engländern geradezu eine Einladung zukommen lassen, soviel wie möglich an deutschem Gebiet zu besetzen, um dadurch Stalin vorzukommen und die Russen fern ab von deutschem Kernland zu halten?
Wir hockten in unseren Betten und schwiegen. Die Dummheiten, die man sich während eines langen Tages zu sagen pflegt, klangen wie dumme Versatzstücke aus einem Theater, sie rochen wie kalter Zigarrenrauch am nächsten Morgen, wenn Geschirr gewaschen wird.
Die Zellentür flog auf: Ein Herr in weißem Arztkittel trat ein, begleitet von einem Offizier der Protektoratsgefängniswache. Wir erstarrten – was sollte das wieder heißen? Man nahm einen Abstrich aus dem Hals – ob wir noch virulent wären, wenn nicht, ginge es zurück ins Gestapogefängnis. Die Wirklichkeit hatte uns eingeholt. Als die Herren weggegangen waren, lagen wir eine Weile regungslos: Das war das Todesurteil, es durfte nicht vollstreckt werden. Aber was sollten wir tun, was tun?
Karel Stehlík wartete den Rundgang des Arztes ab und bat ihn, er möge doch noch einmal in die Diphtheriestube kommen, wir hätten ihm etwas dringendes zu sagen. Wirklich, der Arzt, Dr. med. Sala, kam zurück. „Bitte, Herr Doktor, bitte, helfen Sie mir doch, lassen Sie mich doch nicht sterben, ich bin doch noch so jung, machen Sie, daß ich nicht hinüber muß, bitte …". Der Gefängnisarzt, ein Tscheche, betrachtete mich kühl.
Er wußte, daß er helfen könnte. Er müßte nur attestieren, daß ich noch krank, daß ich noch ansteckend sei, er müßte nur sagen, daß ich … Kein

Deutscher käme hierher, die Wahrheit zu überprüfen, weder Gendarmeriestabswachtmeister Weiser, noch jemand sonst vom Sicherheitsdienst. Und wenn so einer dennoch käme und wirklich feststellte, daß ich gesund sei, hätte doch die Gesundung gerade jetzt erst, kurz zuvor, eintreten können. Es wäre ohne Risiko für Dr. Sala. Ich sagte nichts mehr und bettelte nur noch mit den Augen. Sein Blick war kalt geblieben. „Mach' den Mund auf", befahl er. Er sah sich meine Zähne an. Die Zähne waren gut, ich hatte früher Nüsse zerbeißen können. Wenigstens etwas, was an mir noch in Ordnung war. Der Arzt drehte sich um und ging ohne ein Wort zu sagen weg. Kaum hatte er den Bau verlassen, kam Stehlík zurück. „Je to blbý, es steht schlecht", meinte er niedergeschlagen. „Aber er hat mir doch in den Mund geguckt?" „Er wollte nachsehen, wieviel Goldplomben du hast, jede Plombe ist eine Woche Aufschub." Ich hatte keine Goldplomben, ich hatte überhaupt kein Gold im Mund. Ich mußte zurück. Verzweifelt überlegte ich, was jetzt noch zu tun sei. Ich hätte auf mein Gehirn mit Fäusten einschlagen können, um ihm einen Gedanken, eine rettende Idee zu entpressen. Denn zurück, Gott nein, nicht zurück. Es war, als ob ein dem Grabe Entronnener sich wieder freiwillig zurücklegen müßte in die Gruft, vom Leben zurück in den Tod, von Menschen zurück zu den bleichen Gesichtern unter den Mützen mit dem Totenkopf und den gekreuzten Beinknochen, vom Licht in die Nacht.

Am anderen Morgen hatte ich's: Ich mußte wieder krank werden, schwer krank. Ich mußte mich mit einer Krankheit infizieren, die so schlimm war wie Diphtherie, daß ich hier bleiben oder wenigstens bald hierher zurückkehren könnte. Daß ich an dieser Krankheit sterben könnte? Ach, dann lieber sterben, als drüben tot sein bei lebendigem Leib.

Ich gestehe, es ist nicht immer logisch, was man denkt. Aber ich wußte keinen anderen Ausweg. Karel Stehlík half mir dabei. Aus dem Scharlachzimmer brachte er mir Schuppen und Flüssigkeit aus den Pusteln eines Kranken und dazu noch etwas Schleim aus seinem Rachen: Das alles zusammen würgte ich hinunter. Dann kamen mir Bedenken, ob Scharlach allein genüge – ich bat um infiziertes Material von einem, der eine Gürtelrose hatte und voll Eiter war. Den Eiter rieb ich mir in die Haut ein, die ich vorher blutig gekratzt hatte. Was aber, wenn ich keine Rose bekäme? Ich mußte es mit Typhus versuchen. Vorgestern hatte man einen Fall eingeliefert, der in strenger Isolation lag, denn mit Typhus war wirklich nicht zu spaßen. Normalerweise hätte man den Mann mitsamt den Läusen, von denen er wimmelte, vergast nach dem Grundsatz: „Eine Laus,

136

dein Tod!" – diesen hier hielt man offensichtlich am Leben, weil man seine Aussage brauchte bei irgendwelchen Ermittlungen, die für die Gestapo wichtig waren. Und so hatte man den Kerl entlaust und in die Isolationsstation gebracht. Stehlík brachte mir, wenngleich mit einigen Schwierigkeiten, auch das Ekelhafte, mit dem man sich mit fast absoluter Sicherheit an Typhus anstecken kann – und auch das schluckte ich mit der Mittagssuppe hinunter.

Und dann wartete ich, wartete auf das Fieber, das Unwohlsein, die Ohnmacht, den trockenen Hals, die Pusteln, ja zum Teufel, auf was alles wartete ich noch, Stunde um Stunde – und ich fühlte mich nicht übler, bekam kein Fieber, keine Flecken, mir wurde nicht unwohl – ich blieb gesund.

Drei Tage später erschien in der Tür der Gendarmeriesanitäter, ich schrie, wie sich's gehört: „Achtung, vier Mann, alles in Ordnung", der Stabswachtmeister nahm mich in Empfang und ging mit mir zur Effektenkammer, wo ich mein Nachthemd abgab und meine Kleider zurückbekam. Dann gingen wir durch einen langen Gang, der Gendarm öffnete ein Gitter, dann noch eins, dann öffnet er eine Tür, wir traten ins Freie, in weißen Schnee, der so weiß war, daß die Augen schmerzten, wir gingen an einem Gebäude mit hohem Schornstein vorher – es ist entweder das Krematorium oder die Bäckerei, dachte ich bei mir, so wie ich es gedacht hatte, als wir in umgekehrter Richtung vorbeigekommen waren. Ich erkannte die neugotische Gefängniskirche wieder und wunderte mich, was der liebe Gott hier eigentlich verloren habe, wie er hier sein konnte, wo solche Dinge geschehen, dann bogen wir nach rechts ab. Der Wachtmeister öffnete ein Tor, dann ein Gitter und noch ein Gitter – und ich war wieder zu Hause, im Grab. Kein Laut, Stille. Stabswachtmeister Weiser brachte mich zum Gang A, zur Zelle 118, jawohl, zu meiner Zelle, öffnete die Tür, drei Gestalten in der Zelle sprangen zur Seite, drehten sich vorschriftsmäßig mit dem Rücken zur Tür, denn es war verboten, hinauszuschauen, und der „Zellenälteste" (so etwas gab es wirklich!) schnarrte sein: „Zelle hundertachtzehn, vier Mann, alles in Ordnung", Weiser schubste mich hinein, und ich war wieder da.

Als ich die Zelle verlassen hatte, waren wir in dieser für einen Häftling ausgelegten Zelle zwei Mann gewesen, jetzt waren wir fünf. Es gab *ein* Klappbett, *einen* Schemel, *einen* Tisch, *ein* Wandbrett: Wer hier am längsten war, hatte auf dem Klappbett schlafen dürfen, der andere hatte auf einem Strohsack auf dem Boden liegen müssen. Aber das war noch gegangen zu zweit – wie jetzt zu fünft? Die Männer betrachteten mich feindselig: Ich hatte ihnen hier gerade noch gefehlt. Einer von ihnen hieß, so erinnere ich mich, Kroupa. Den Namen habe ich mir nicht deshalb gemerkt, weil sich sein Träger durch besondere Vorzüge ausgezeichnet hätte, im Gegenteil. Nach einigen Tagen stellte sich heraus, daß es sich um ein mieses Subjekt handelte, das bei irgendwelchen krummen Dingen der Gestapo in die Klauen geraten war. Kaum hatte er aufgeschnappt, warum und wie lange ich schon im Gefängnis war, glaubte er immer wieder drohen zu müssen, er würde alles, was ich gesagt hätte, dem SS-Posten vor der Tür weitersagen, wenn ich ihm nicht ein Stück von meiner Brotportion abgäbe. Nun ja, nach der Rückkehr aus dem Krankenbau war ich wirklich nicht so hungrig wie davor – und so ließ ich mich lieber erpressen, denn ich wußte, daß jede Anzeige Mißhandlungen zur Folge gehabt hätte, ohne Rücksicht darauf, um was für eine Denunziation es sich gehandelt hätte. Gott sei Dank wurde dieser Kroupa nach einigen Wochen entlassen, und ich war ihn los. Jetzt spricht man leicht über solch ein Zwischenspiel – aber wenn man vierundzwanzig Stunden Haut an Haut mit so einem Menschen zusammen sein muß, wenn man mit ihm dieselbe Luft atmen, aus demselben Klosett das Wasser trinken, in der Nacht seinen Körper fühlen, riechen, hören muß, ist es eine unendliche, sich immer wieder reproduzierende, gleichsam durch gegenseitige Abneigung und Haß potenzierende Qual.

Soldaten leben wohl auch manchmal auf engstem Raum zusammengepfercht, auch sie müssen die Gegenwart unangenehmer Kameraden ertragen – aber irgendwann können sie sich trennen, für eine gewisse Zeit wenigstens der eine nach links, der andere nach rechts gehen. Es kann sein, daß sie sich vielleicht wenigstens für einige Stunden nicht sehen müssen. Im Gefängnis geht das nicht. Man ist an den anderen gekettet wie der siamesische Zwilling an den anderen. Man ist am Brustbein zusammengewachsen, nicht etwa am Hinterkopf, was die Sache erträglicher machen würde.

Damals sehnte ich mich an die Monate der strengsten Isolation, an die unendlichen, langen Tage der Einzelhaft zurück. Ich gestehe, daß es mich heute noch manchmal überkommt, daß ich am liebsten ganz allein in einer Zelle eingesperrt wäre, womöglich mit der Hoffnung, aus ihr entlassen werden zu können, wenn das Alleinsein umschlagen und mich wie ein Berg schwarzer Watte erdrücken könnte.

Kvetoslav Wiesner

Es war Herbst geworden. Hinter den vergitterten Klapp-Fensterluken leuchtete am Tag ein hoher, hellblauer, manchmal etwas dunstiger Himmel, er erinnerte an rote Geranien und Klatschmohn und die Rosenbeete am Laurenziberg; dann zog sich der Himmel zu, von draußen klatschte der Regen an das Fenster, der Wind heulte durch die Gänge des Gefängnisses – es klang, als ob jemand unaufhörlich klagte. In der Zelle wurde es kalt. Es gab zwar eine Dampfheizung – ich sagte schon, wir waren ein modernes Gefängnis, erbaut noch zu einer Zeit, als man gemeint hatte, auch Gefangene seien menschliche Wesen. Aber die Heizung war jeden Tag nur für eine ganz kurze Zeit in Betrieb. Es reichte gerade, die klammen Hände etwas aufzuwärmen, wenn man die Finger zwischen die Heizungsrippen steckte. Dann wurde es wieder kalt. Mit einem feindlichen Nebel drangen Nässe und Kälte durch die Mäntel und Kleider, mit denen wir uns behängt hatten. Damals gewöhnte ich mir an, unbeweglich in der Ecke zu hocken, langsam zu atmen und nachzudenken. Nicht das Nachdenken war verboten, sondern das Hocken. Man hatte zu stehen, in der Zelle hin- und herzugehen oder am Tisch zu sitzen – so, daß der Wachhabende, der von außen durch das Guckloch die Anzahl und den Zustand der Häftlinge kontrollieren wollte, alles sofort im Blick hatte. Aber weil ich ja Einzelhäftling war, war es nicht allzu schwer, meine Gegenwart festzustellen. Außerdem hatte ich mir angewöhnt, die leisesten Geräusche von draußen wahrzunehmen. Selbst wenn die Aufseher in der Nacht auf Filzpantoffeln über die Gänge schlichen, hörte ich sie und wußte, was ich zu tun hatte, um nicht zu Schaden zu kommen. So saß ich dann zusammengekauert in einer Ecke und dachte nach. Das war gut in zweierlei Hinsicht: Einmal sparte es, wie ich meinte, Kalorien, und zum anderen ließ es die Zeit im Nichts versinken. Das mit den Kalorien hatte ich mir ausgedacht, als ich versucht hatte, das Gesetz von der Erhaltung der Energie auf den Sonderfall des Häftlings anzuwenden. Für jede Bewegung, für jeden Schritt, so sagte ich mir, verbrauchte ich Energie. Für jeden Grad Temperatur, den mein Körper zum Leben brauchte, mußte Brennstoff verbrannt werden – und gerade an der Zufuhr dieses Brennstoffs haperte es. Von Woche zu Woche bekamen wir nun weniger zu essen. Hatte die Brotration zu Beginn noch aus anderthalb kleinen Rundbroten bestanden, bekamen wir jetzt nur noch ein halbes, zuletzt gar nur noch ein viertel. Das reichte gerade für zwei Happen. Und da das Brot zu einem Gutteil aus Buchensägespänen bestand, war sein Nährwert nicht sonderlich hoch – obwohl es schon so herrlich schmeckte wie kein Brot, das ich danach in meinem Leben je wieder gegessen habe. Dieses Brot hier, das aß man nicht, man lutschte es, man nagte es ganz sachte mit den Vorderzähnen, man roch daran, leise, aus Furcht, man könnte es aufriechen und es bliebe nichts übrig zum Aufessen. Wenn ich mich hinhockte, verbrauchte ich weniger Kalorien, wenn ich mich dabei noch zudeckte mit einem Mantel, hatte ich alles getan, mit dem Brotstoffwechsel so haushälterisch wie möglich umzugehen. Denn wozu das Kaloriendefizit führte, hatte ich ja Zeit gehabt, am eigenen Körper festzustellen. Erbarmungslos hatte ich alle meine Fettreserven verbraucht, wobei ich sagen muß, daß ich schon vor meiner Verhaftung eine eher gotische Gestalt gehabt hatte – wovon hätte ich damals schon Polster ansetzen können! Jetzt umhüllten mein Gerippe lächerliche Hautlappen. Was der Körper nicht mehr unbedingt zu seinen primitivsten Lebensfunktionen brauchte, war abgebaut worden.

Dann kam eine Periode des Hungers, des tierischen, wahnsinnigen Hungers, in der man an nichts dachte als an Essen, an Eßbares, an Kochen, an Dinge, die draußen so ganz natürlich gewesen waren, die hier aber wie das Paradies selbst schienen. Aber wenn man an Brot, an Kartoffeln, an Butter, an Eier, an Speck, an geröstete Zwiebeln, an Graupen mit Pilzen, an Erbsenbrei auch nur dachte, begann der Magen verzweifelt zu arbeiten. Die leeren Gedärme fingen an, die nur erdachten Speisen zu verdauen – wer nicht in der Lage war, sich durch eiserne Disziplin zu befehlen, nicht ans Essen und ans Kochen zu denken, mußte zugrunde gehen.

Dann kam die Phase der Entrückung. Man hatte nur noch soviel Körper, als man brauchte, um zu atmen, zu denken, um da zu sein. Natürlich gab es Rückfälle, aber sie wurden, je länger man sich schon in die Phase der Entkörperlichung entfernt hatte, immer seltener.

Und das war der zweite Grund, warum ich in meiner Ecke hockte: Ich dachte nach. Längst waren die Vernehmungen in der Vergangenheit verblichen. Natürlich konnte ich jederzeit mit ihren Ergebnissen konfrontiert und abgeholt werden – ins Konzentrationslager, direkt unter das Fallbeil, vors Sondergericht, vors Reichsgericht, in irgendein deutsches Zuchthaus –, es gab allerlei Varianten, und die Phantasie der Träger des Totenkults war in diesen Dingen unerschöpflich. Man mußte sich diese Gedanken, die Angst vor dem Ende und vor seinem eigenen ausgelöschten Leben, ebenso verbieten wie das Denken an Brot. Wer dies nicht konnte, ging unter.

Nur eines habe ich nie fertig gebracht, mich nicht nach meiner Mutter zu sehnen. Denn sie war alles: Wärme und Zuhause und Geborgenheit und Liebe. Bei ihr gab es weder Hunger noch Angst, auch keine Angst vor dem Tod.

So saß ich denn und dachte nach. Ich entwickelte mathematische Formeln im Geist. Noch heute erinnere ich mich, wieviel Arbeit ich in die Ableitung des Cosinus-Satzes investiert habe, wieviel Seiten ich im Kopf niedergeschrieben habe und welche Mühen ich anfangs hatte, nach einer Unterbrechung wieder genau da anzufangen, wo ich eben aufgehört hatte. Oder da gab es das Problem der Halbwinkel in der Trigonometrie: Wie groß war der „cos", wenn der „sin" bekannt war? Ich stellte eine Modelleisenbahn zusammen – wie war aber das Problem der Kreuzung zu lösen, wenn eine Schiene der Stromträger war, wie konnte ich einen Kurzschluß verhüten, wenn die Räder der Wagen über die Weichen rollten? Es gab damals noch keine Plastikräder. Ein schweres Problem! Ob ich es gelöst habe, weiß ich nicht – aber ich weiß: Die Zeit reichte jetzt plötzlich gar nicht mehr aus. Hatten früher wirklich eine Stunde aus unendlich langen Minuten, ein Tag aus unendlich langen Stunden, eine Woche aus unendlich langen Tagen und ein Monat aus unendlich langen Wochen bestanden – hatte nun die Zeit ihre Dimension verloren? Daß die Zeit ohnehin aufgehört hatte zu sein, habe ich erst später gemerkt. In der Erinnerung schrumpft gerade die Zeit, die sich aus unendlich langen Teilabschnitten zusammensetzt, zu einem Funken zusammen. Denn nur solche Teilabschnittchen, Sekunden, Minuten, Stunden sind unendlich lang, in denen nichts geschieht, in denen „die Zeit stehengeblieben ist". Und wo in der Erinnerung die Teile, in denen nichts geschah, zu einer Summe zusammengezählt, komprimiert werden, ist das Ergebnis einfach Nichts. Wenn hingegen viel geschehen ist in einer Zeitspanne, wenn man sich also überhaupt der Zeit als objektiven Faktor nicht bewußt geworden ist, die Zeit also „Nichts" war, entsteht in der nachträglichen Verdichtung ein riesiges Etwas, das Bewußtsein einer langen, großen Zeitspanne.

Jetzt hatte ich die Zeit überlistet: Im Nichts geschah nun etwas, die unendliche Länge schrumpfte, wurde wieder zur kurzen Zeit – und damit die Zeit wieder zu einem Teil des Lebens –, ich lebte wieder in der Zeit.

Jetzt war ich nicht mehr gebunden an Tag oder Nacht – ich konnte denken wann ich wollte und soviel ich wollte, ich konnte denken über was ich wollte. Natürlich stimmte das nicht genau: Denn denken durfte ich nur über das, was ich mir nicht verboten hatte, sonst wäre ich durch das Denken umgekommen.

Wenn man nichts mehr ist als ein Toter auf Abruf, wenn man nichts, aber überhaupt nichts mehr tun kann, soll man nicht an Dinge denken, die man nicht ändern, in die man ohnehin nicht eingreifen kann. Der Mensch, der dies nicht einsieht, wird verrückt über seiner Ohnmacht.

Aber träumen soll man, man soll an eine Zukunft denken, die – auch einem selbst – möglich wäre. Das ist wichtig. Sie muß so erdacht sein, daß man selbst nicht ihr Teil ist, sonst würde man traurig, daß man nicht dabei sein kann, wenn sie einmal geschaffen sein wird. Sie muß so beschaffen sein, daß sie nicht einmal erlebt werden kann, auch wenn man wider Erwarten doch ihre Grundlagen mit vorbereiten könnte, sobald man einmal frei sein würde. Die Zukunft muß also in recht weiter Ferne liegen. Aber diese Zukunft muß so aussehen, daß man in Gedanken in ihr wandeln kann, sie muß den eigenen Erfahrungen entsprechen, sie muß denselben logischen Gesetzen folgen, die jetzt in dieser Zeit gelten. Sie muß realistisch sein; von der utopischen Phantasie wird Realitätsnähe erwartet. Die Phantasie darf nicht phantastisch sein, sonst macht es keinen Spaß, sich eine Utopie auszudenken, wenn man im Grab sitzt.

Wenn man sich unter den besonderen Umständen eines Gestapogefängnisses eine Zukunft für die Menschen ausmalt, muß man unendlich viele Dinge bedenken. Wie macht man es, daß es keine Armen und keine Reichen, keine Übersatten und keine vor Hunger Sterbenden mehr gibt? Wie soll organisiert werden, daß Menschen sparsam mit den Dingen umgehen, wenn von allem einmal, dank Technik und Wissenschaft, genug vorhanden ist, wenn Brot und Kleider und Wohnungen so wenig kosten wie heutzutage Wasser? Und wie soll gemacht werden, daß nie wieder ein Mensch oder eine Gruppe Menschen sich die Macht aneignen kann, andere Menschen zu verderben, zu töten, sie zu beherrschen, ihren Stolz zu brechen und ihnen ihre Würde zu nehmen? Wie soll man umgehen mit Menschen, die sich neben und gegen die Gesellschaft gestellt haben oder stellen werden: Wie soll man sie strafen? Wie sollen Menschen – wenn einmal Maschinen alles oder fast alles für uns tun – dazu gebracht werden, freiwillig notwendige, aber ekelhafte Arbeit zu verrichten, die auch dann noch getan werden muß?

Oh ja, es gab da unendlich viel auszudenken – und es war, als ob ich dabei mein Gefängnis längst verlassen hätte und ganz, ganz weit in eine Zeit vorgedrungen sei, in der die wirkliche „Zelle 118, ein Mann, alles in Ordnung!" schon längst Staub und Asche sein würde. Und dieser einstige Mensch ging in jener Zeit spazieren, als ob er gar keine Asche wäre. Es war mir das Kunststück gelungen, mich aus der Sicht einer fernen Zukunft zu sehen. Das beruhigte sehr und ließ die Realität als etwas längst Vergangenes, Vergessenes zu einem Nichts zusammenschrumpfen.

Eines Abends hörte ich Geräusche vor der Zellentür, ich sprang aus meiner Ecke auf, brüllte, als die Riegel klirrten und der Schlüssel sich im Loch drehte, mein: „Zelle 118, ein Mann, alles in Ordnung!" und stand in regungsloser „Stillgestanden!"-Stellung mit den Händen an der Hosennaht, als mir ein SS-Mann einen jungen Mann in die Zelle schubste.
„Ja jsem Wiesner, Kvetoslav Wiesner – ich heiße Wiesner, Kvetoslav Wiesner" – sagt er tschechisch zu mir. Ich sagte ihm auch wie ich heiße.
Und dann sahen wir uns gegenseitig prüfend an. Denn wir würden hier ja vielleicht eine gewisse Zeit, vielleicht BKE, bis ans Kriegsende, zusammenbleiben – oder wenigstens so lange, bis sie einen von uns abholen würden.
Der Junge, der mir gegenüber saß, schien etwas älter als ich zu sein. Man sah, daß sein Kopf noch vor kurzer Zeit kahl geschoren gewesen war – inzwischen hatte sich der Schädel wieder mit ganz kurzen Haarstoppeln bedeckt. Sein Gesicht war einmal slawisch rund gewesen, jetzt wirkte es sehr müde, sehr traurig und sehr eingefallen. Er hatte wunderschöne braune Augen, Augen von einer Sanftheit und Milde, wie ich sie noch nie gesehen hatte. Dieser Mann konnte niemandem weh tun, dessen war ich mir sicher. Seine Stimme war leise, wie die eines Menschen, der seit langem wußte, daß eine Stimme nicht dazu da ist, gehört zu werden, sondern nur dazu da ist, etwas auszusagen, ohne gehört zu werden.
Er lachte kurz: „Ich habe einen komischen Namen, aber ich kann nichts dafür." Kvetoslav läßt sich wirklich nicht ins Deutsche übersetzen – es bedeutet einen Menschen, der Blumen preist. Mir gefiel der Name, weil er eine schöne Bedeutung hatte, und ich sagte ihm das. Als ich erwähnte, daß Vilem vom deutschen Wilhelm käme, einigten wir uns, daß es besser wäre, alle Menschen hießen wie er.
Er hatte Durst und fragte mich, ob ich nichts zu trinken hätte. Ich bedauerte, daß mir kein Kaffee von heute abend übrig geblieben sei – Kaffee

nannten wir die schwarze Brühe aus gerösteten Eicheln mit Bromzusatz, die wir morgens und abends bekamen und deren einzige Eigenschaft war, heiß zu sein. Aber ich könne ihm Wasser aus dem Klosett schöpfen. „Danke", sagte er, „ich weiß, wie man das macht." Woher konnte er das wissen? „Bist du schon einmal hier gewesen?", fragte ich. „Und haben sie dich wieder erwischt?" „Oh nein, sie haben mich immer noch! Ich bin hier eingeliefert worden vor vier Jahren."

Ich erstarrte – vor vier Jahren!

Kvetoslav Wiesner war vor vier Jahren und zwei Monaten verhaftet worden, als er als Pennäler die Dummheit begangen hatte, mit anderen Schulfreunden in der Pause das Bild des großdeutschen Führers, das in der Klasse hing, mit farbigen Bleistiften zu verzieren. Die dummen Sprüche, durch die die Schüler während ihres Verbrechens gegen die Würde und den Ruhm des Reichs verstoßen hatten, kamen bei der Untersuchung durch die Gestapo heraus. Die Jungen wurden verhaftet, vor ein Sondergericht gestellt und, da die Richter vor sich nur eine Gruppe halbwüchsiger, politisch ganz und gar ungefährlicher Buben erblickten und da das Hackebeil damals noch nicht so selbstverständlich als Heilmittel gegen alle politischen Straftaten eingesetzt wurde wie in späteren Zeiten, außerordentlich milde beurteilt. Sie bekamen vier Jahre Zuchthaus – der Rädelsführer fünf. Und diese vier Jahre waren nun um. Kvetoslav hatte sie in Dresden und in Bautzen verbüßt. Aber wie das bei „Politischen" aus dem Protektorat Böhmen und Mähren so Sitte war, wurde er nicht in die Freiheit entlassen, sondern an die „Muttergestapo" überstellt. Muttergestapo nannte man sinnigerweise jene Dienststelle der geheimen Staatspolizei, die einen Deliquenten verhaftet und der Justiz überantwortet hatte. Diese Dienststelle hatte nun zu entscheiden, ob der Verurteilte und bisherige Strafgefangene zu entlassen sei oder nicht.

Kvetoslav war daher eigentlich nach Prag ins Pankratzer Gefängnis zurückgebracht worden, um zu erfahren, ob er frei würde oder nicht. Vor dem „oder nicht" fürchtete er sich, denn er würde dann ja nicht mehr ins Zuchthaus zurückkehren, sondern im Falle eines ablehnenden Bescheids der Gestapo in ein Konzentrationslager geschickt werden. Und die Einlieferung in ein KZ kam fast einem Todesurteil gleich, wenn man in schlechtem körperlichem Zustand dahin geschickt wurde.

Kvetoslav war in keiner guten Verfassung: Er litt an einer schlimmen Vereiterung der Stirnhöhlen; oft hustete er auch. Nicht, daß man sich ihm gegenüber schlecht verhalten hätte im Zuchthaus. Er erzählte mir, daß dort noch immer deutsche Justizbeamte den Dienst versähen wie in alten Zeiten. Natürlich seien sie heute auch gröber als früher, hier und da hätte es auch Prügel gesetzt – aber daß man von ihnen hätte totgeschlagen werden können, das habe er doch nicht erlebt.

Schlimmer sei es um die sanitären Anlagen bei Überbelegung der Zellen gewesen – warum ihre Wände schwarz oder dunkelgrün gestrichen gewesen seien, konnte er sich nicht erklären. Die Strafgefangenen wären in Bombenräumungskommandos eingesetzt gewesen, bei der Beseitigung von Toten, bei der Aufräumung von Müll und Bauschutt. Schade, so meinte Kvetoslav, daß er doch nicht wenigstens zu fünf oder zu sechs Jahren Zuchthaus verurteilt worden sei, dann wäre er jetzt sicher vor dem Konzentrationslager. Ich tröstete ihn, soweit ich konnte: Schließlich nähme sich doch sein Verbrechen von damals direkt lächerlich aus, wenn man es aus vierjährigem Abstand beurteile, damals seien sie noch Halbwüchsige gewesen, und schließlich brauche man doch heute jede Hand zur Arbeit in der Rüstungsproduktion. Wiesner hörte sich das alles an, weise und still. Und dann erzählte er mir von seinen Erfahrungen und von dem, was er gehört hatte darüber, wie die deutsche Führung mit Menschen und mit Menschenkraft umginge zu einer Zeit, als schon alle Fronten ins Wanken gekommen waren und man wirklich jede Hand und jeden arbeitswilligen Kopf dringend gebraucht hätte, die Soldaten in Rußland und in Frankreich, in Italien und auf dem Balkan zu versorgen und die riesigen Schäden, die dem Reich von englischen und amerikanischen Bomberverbänden Tag und Nacht zugefügt wurden, zu beheben. Zum erstenmal hörte ich von Menschenvernichtungsanlagen, von Mauthausen und von Bergen-Belsen, von Massenhinrichtungen und vom Schicksal der Juden. Oh nein, das war nicht mehr allein Theresienstadt, nicht mehr die Vorstellung von irgendwelchen Riesenghettos im Osten, in denen Millionen Menschen hart für den Endsieg des Deutschen Reichs arbeiten würden, oh nein – Deutschland hatte sich in ein Schlachtfeld, im wahren und ursprünglichsten Sinn des Wortes, verwandelt. Hier wurden Menschen abgeschlachtet wie Vieh. Dieser Führung schien es nicht mehr um den Sieg, sondern um ein Schlachtfest zu gehen – auch wenn es tausendmal auf Kosten und zu Lasten der eigenen Truppe ging, der langsam überall schon das Wasser am Hals stand. Kvetoslav erzählte mir über die Rache, die Hitler an seinen Generalen und Admiralen nach dem Juli-Attentat geübt hatte, über die Ströme von Blut allüberall in Deutschland. Er hatte das ja selbst gesehen, wenn er mit seinen Mithäftlingen auf

Außenarbeit gegangen war oder auch gefahren wurde. Er hatte gesehen, in welchem Zustand Gefangene und festgenommene Zivilisten in Viehwagen über die Gleise der Reichsbahn hin- und hergeschoben wurden, denn oft hatte er Dienst tun müssen beim Ausräumen und bei der Säuberung benutzter Wagen, hatte Leichen beseitigen und Sterbende wegschleppen müssen. Ob er dabei nicht habe flüchten können? „Dabei wäre ich nicht weit gekommen", meinte er. Vor den Eisenbahnern hätten sie sich genau so gefürchtet wie vor allen anderen Uniformierten. „Sieh mal, sie wußten doch, was sie befördern, wohin sie es befördern und warum sie es befördern. Hätten sie damit nicht übereingestimmt, hätten sie's nicht getan. Und auch wenn sie damit nicht übereingestimmt haben, haben sie es doch getan. Vielleicht, weil sie nicht an die Front wollten. Vielleicht, weil sie Angst gehabt haben. Aber aus derselben Angst hätten sie uns doch dem Sicherheitsdienst übergeben, wenn sie uns flüchten gesehen hätten – oder eben aus der Überzeugung heraus, daß ein Reichsfeind gehängt werden müsse. Und einen Reichsfeind konnte man ja leicht erkennen. Er trug entweder eine Gefängnisuniform oder einen gestreiften KZ-Häftlingskittel mit einem roten Winkel oder einen Judenstern …"

Die Realität hatte mich wieder eingeholt. Wenn es so war, wie es der Kvetoslav Wiesner schilderte, und warum sollte er nicht die Wahrheit sagen, gab es für uns keine Zukunft mehr, weder eine nahe, noch eine ferne. Wir konnten nur hoffen, daß die Russen oder die Amerikaner früher bei uns wären, als sich das Beil zu uns durchgefressen hätte. Aber darüber, wie sich das Schicksal der Welt – und damit unser kleines, unwichtiges, aber für uns so wichtiges Minischicksal – zu Land, zu Wasser und in der Luft entwickelte, erfuhren wir nichts. Wir waren hier ja wie in einem Grab.

Und Kvetoslav Wiesner, der Junge mit den traurigen, sanften braunen Augen, erzählte mir über sich, über das Leben, das für ihn vor vier Jahren zu Ende gegangen war. Viele stille Abende haben wir uns so gegenüber gesessen, während uns das frühe Dunkel des Herbstes einhüllte. Ein Weilchen sprach er, dann schwiegen wir beide, dachten nach, bis er wieder mit stiller, samtener Stimme fortfuhr.

Sein Vater war ein kleiner, armseliger Handwerker gewesen. Als die große Krise anfing, hatte er seine Arbeit verloren. Es muß ein Pechvogel gewesen sein – wo auch immer er versucht hatte, Fuß zu fassen, war ihm das mißglückt. Die Familie konnte ihre Miete nicht mehr bezahlen, mußte ausziehen und kam in eine Notunterkunft im sogenannten

146

Obecni dvur, dem Gemeindehof in Prag. Und wer da einmal gelandet war, war für immer verloren. Kein Meister hätte jemanden in Arbeit genommen, der als Wohnort den Gemeindehof anführen mußte. Der Staat gab den Dauerarbeitslosen damals ganze zehn Kronen Unterstützung die Woche. Davon konnte man zwei Tage vegetieren – der Rest war fürs Sterben noch zu wenig.

Kvetoslav erzählte mir von einem Weihnachtsfest, als er und seine Mutter im riesigen toten Schuppen in völliger Kälte saßen, vor sich einen Tannenzweig mit drei Kerzen, die sie erst anzünden wollten, wenn ihr Vater zurückgekehrt wäre von der Suche nach Gelegenheitsarbeit, zu der er sich am Morgen des Heiligen Abends aufgemacht hatte. Es wurde spät und immer später: „Willi, wir haben so furchtbaren Hunger dabei gehabt, wir hatten von morgens an nichts mehr gegessen." Plötzlich sei die Tür aufgegangen und der Vater sei glücklich strahlend in den Raum eingetreten. In den Händen habe er ein duftendes, warmes Brot gehalten, einen ganzen runden Laib! Und in der Tasche seien zwei Äpfelchen gewesen – die drei hätten vor Seligkeit geweint. Und so hätten sie doch noch ein Weihnachtsfest gehabt.

Das erzählte der Wiesner nicht etwa anklagend, traurig, zornig – er sagte es, als ob er die Geschichte eines Fremden erzählte, eine Geschichte, die in ganz, ganz ferner Vergangenheit im Nebel versunken war. Oh ja, seine Mutter habe sehr gelitten damals, unter der Not und darunter, daß sie im Gemeindehof sein mußten, wo sie doch ihr Leben lang eine so anständige Frau gewesen sei. Sie brachte Körbe voll schmutziger Wäsche aus den Häusern reicher Menschen – und für sie war jeder reich, der genug zu essen hatte und in einer richtigen Wohnung zu Hause war, und wusch die Hemden und Unterhosen und Strümpfe und Bettlaken und Kopfkissen, von früh bis in die Nacht hinein. Der kleine Kvetoslav, das Kind, das „Blumen preiste", half ihr die Laken zusammenzulegen, sie zu plätten, die Hemden zu bügeln. Als er größer geworden war, half er seiner Mutter die gebügelte und gemangelte Wäsche zurückzubringen in die Häuser der „reichen Leute". Sein Vater starb an der Schwindsucht, noch ehe die große Krise vorübergegangen war. Erst viel später hatte sich dann seine Mutter soviel erbügelt und soviel erplättet und soviel beim Großreinemachen in den „reichen Häusern" verdient, daß sie mit ihrem Kind in eine richtige Kellerwohnung umziehen konnte, zurück unter „ordentliche" Leute. Dem Kind sollte es nie mehr so gehen wie ihrem Mann, und wenn sie umfallen sollte vor Müdigkeit, würde sie es schaffen, daß ihr Junge eine richtige Bildung bekommen würde, daß er nie wieder Hunger haben und Elend erleiden müßte. Kvetoslav sprach von den ausgelaugten, knotigen Händen seiner Mutter, von den armen Händen, die sie erschöpft in ihre blaue Schürze legte, wenn sie nicht mehr weiter konnte. Und wenn er von ihr sprach, wurde seine Stimme noch dunkler, noch leiser. Dann schwieg er wohl lange, und wir starrten beide ins Dunkel.

Dann dachte ich wohl an unsere Weihnachten zurück, daran, wie wir gewohnt hatten, wie behütet unsere Kindheit gewesen war. Sicher, wir hatten nie im Überfluß gelebt und unsere Mutter hatte uns schön kurz gehalten bei allem, was auch nur entfernt nach Luxus aussah. Natürlich hatte mein Bruder Alfred immer die Sachen von mir geerbt, weil er das Pech gehabt hatte, anderthalb Jahre nach mir auf die Welt gekommen zu sein. Natürlich wäre es undenkbar gewesen, ein angegessenes Brot etwa wegzuwerfen. Aber das doch nur, weil es eine Sünde war, mit Dingen, die Mittel zum Leben waren, undankbar umzugehen. Es war nicht die blanke Not, die uns gezwungen hätte, bescheiden zu sein.

Zum erstenmal erkannte ich – und die Erkenntnis kroch kalt in mein Herz –, daß es Menschen gibt, die im Elend leben, ohne Juden zu sein. Es gab also eine Not, die Verfolgten und Menschen auf der sozialen Leiter ganz unten gemeinsam war. Dagegen zu streiten, daß Menschen verfolgt, gedemütigt, beleidigt und ausgerottet werden ihrer Überzeugung und ihrer Rasse wegen, bedeutet also auch dafür zu kämpfen, daß Menschen im Schatten, Menschen im Elend nicht mehr im Elend, nicht mehr im Schatten leben müßten. Ich hatte über viel nachzudenken.

Natürlich hatte ich schon früher Menschen in Not gesehen. Aber sie waren mir nicht aufgefallen. Ich hatte alte Männer in zerlumpten Säcken gesehen, die die Mülltonnen in Prag nach Brotrinden durchwühlt hatten, ich hatte Frauen gesehen, die auf dem Markt verstohlen angefaultes Gemüse oder Obst in ihre Taschen gesteckt hatten, ich hatte Bettler gesehen, viele Bettler, in Grünanlagen und vor Kirchen, vor großen Geschäftshäusern und Bettler mit ihren Drehorgeln und Harmonikas in den Hinterhöfen der Mietshäuser. Aber sie waren mir nie richtig nahe gegangen – sie gehörten eben zur Kulisse der Großstadt. Sie erweckten Mitleid, man gab ihnen zehn oder – wenn man in Spendierlaune war oder der arme Blinde einen besonders dauerte oder wenn der beinlose Drehorgelmann eine besonders rührende Melodie spielte – zwanzig Heller in ihre Mütze, und damit war's gewesen.

148

Mit dem Kvetoslav Wiesner war es anders. Das war keine Kulisse, das war kein Stück der Umgebung. Das war ein Stück von mir. Ohne daß wir es gemerkt hatten, waren wir beide fast wie ein einziger Mensch geworden. Ich wußte, was er dachte, wenn er schwieg – und ich wußte, was er sagen würde, wenn er sich ausgeschwiegen hatte. Und er wußte es von mir. Wir lernten einander so sehr kennen, daß uns kein Winkel im anderen verborgen blieb. Wenn er manchmal lachte, um seine Rührung zu verbergen, wußte ich warum er lachte und hätte am liebsten losgeheult mit ihm. Und doch unterschieden wir uns. Er äußerte seine Gefühle in Moll – ich in Dur. Litt er nur noch wie in einer weiten Distanz, packte es mich immer noch unmittelbar – trotz allen geistigen Trainings, das ich mir bisher auferlegt hatte. Und wenn ich schwieg, wußte er, warum ich jetzt nicht sprechen konnte und nichts sagen wollte. Und er wartete geduldig, bis ich wieder den Mund öffnete.

Als sie ihn verhaftet hatten, hatte er eine Liebste gehabt. Er erzählte mir von ihren blonden Locken, von einer Ferienwoche, die er mit ihr verbracht hatte, von Ausflügen an einen See im Böhmerwald, von schwarzem Gehölz und der Furcht, die sie beide gehabt hätten, als ein schweres Gewitter niederging und sie sich aneinander schmiegen mußten, um nicht vom Sturm und vom Regen weggerissen zu werden. Und er erzählte mir, wie sie ihm den ersten Kuß gab und wie furchtbar aufgeregt er gewesen sei, wenn sie nur sein Haupthaar gestreift hatte. Dann lächelte er verloren und schwieg lange.

Ja, als er dann ins Gefängnis gekommen sei, habe sie ihm wohl noch einige Zeit geschrieben. Es seien dann immer weniger Briefe gekommen, obwohl er sie doch gerade damals so sehr gebraucht hätte in der Zeit der Verhandlung vor dem Sondergericht und der Verurteilung ins Zuchthaus – bis dann endlich der letzte Brief eingetroffen sei, in dem stand, daß sie nie mehr schreiben würde, weil sie einen anderen Freund gefunden hätte und sich doch nicht so lange an einen Menschen binden könne, von dem niemand wüßte, ob er je wieder zurückkäme. Damals habe er sehr geweint in seiner Zelle, aber: „Siehst du Willi, das muß man doch verstehen – die Zeit wäre ihr doch weggerannt, sie hätte ein Stück Leben vertan!" Daran, daß ihm dieselbe Zeit weggelaufen war und daß er dasselbe Stück Leben verloren hatte, daran dachte er nicht, der arme Kerl.

Wenn die Nacht hereingebrochen war und das Signal zur Bettruhe, wie der schwere Schlag auf die Eisentraverse an der Gangkreuzung Punkt zwanzig Uhr genannt wurde, noch nicht ertönt war, stellte sich Kvetoslav wohl neben die Tür, lehnte seinen Kopf an die Wand und starrte nach oben, durch die vergitterte Fensterluke, in den Mond oder in die Sterne oder in die trüben, dunklen Wolken. Ich wußte, er sah nicht die Gitter, und er sah weder den Mond noch die Sterne.

Seine Seele war jetzt ganz, ganz hoch gestiegen und ertastete etwas, was man nicht wissen, sondern nur noch fühlen kann. Und dann sang er. Er sang ganz leise, mit einer samtenen, schönen Stimme, alte tschechische, mährische und slowakische Lieder, das Lied von einem Falken, der zur Allerliebsten flog, das Lied von der Geliebten, die von den Türken geraubt worden war, das Lied vom Jüngling, der nie wieder kommen solle, da sie einen anderen erkoren habe, das Lied vom Jungen, der zu den Waffen soll, da die Königin selbst ein Zettelchen geschrieben habe, um ihn zu bekommen. Er sang die traurigen und schönen Lieder, in die ein Volk seine jahrhundertealte Sehnsucht und Liebe und Freude und Hoffnung in Melodien hat gerinnen lassen, mit derselben Sehnsucht und derselben Freude und derselben Liebe. Alle böhmischen, schlesischen, mährischen und slowakischen Lieder, die ich kenne, habe ich damals von Kvetoslav gelernt. Er erinnerte mich an die Nachtigall, die den Dorn einer Rose so lange in ihr Herz stoßen mußte, bis ihr Blut die Blütenblätter rot gefärbt hatte, und die dabei singen mußte bis zum Morgengrauen.

Und dann öffnete sich eines Tags die Zellentür, draußen stand ein SS-Oberscharführer: „Wiesner, raus, alles mitnehmen!" Kvetoslav erbleichte – hieß das Leben oder hieß das Tod? Er nahm das Päckchen, das er immer vorbereitet für die Reise hatte liegen lassen, er zitterte. Ja, mein Kvetoslav zitterte. Und da bat ich den SS-Mann, ob ich mich von ihm verabschieden dürfe. Er sagte ja. Da umarmte ich den Kvetoslav Wiesner. Und er ging hinaus mit dem Mann mit der Mütze, die einen schwarzen Rand und vorn den Totenkopf hatte.

Plötzlich war die Zelle furchtbar leer. Und ich wieder ganz allein. Und ich legte meinen Kopf über den Arm und weinte. Ich wußte, ich würde nie wieder einen Freund haben wie diesen.

Sie haben der Mutter des Kvetoslav Wiesner keinen Besuch bei ihm mehr gestattet, obwohl sie die Gestapodienststelle Prag darum ersucht und obwohl ihr Kind seine Strafe schon verbüßt hatte. Er wurde noch am selben Tag in die Festung Theresienstadt überstellt. Dort ist er einige Wochen später an Flecktyphus verstorben.

Ich erfuhr davon nach der Befreiung. Mithäftlinge, die überlebt hatten, erzählten mir, wie er elendiglich zugrunde gegangen ist.

Ich ging in den Stadtbezirk Kobylisy, um seiner Mutter über ihn zu erzählen und über alles, was ich von ihm erfahren hatte. Ich wußte wo sie wohnte. Und ich hatte ihm ja versprochen, zu seiner Mutter zu gehen, wenn, nun ja, wenn er es nicht überleben würde, so wie er mir versprochen hatte, meiner Mutter beizustehen, wenn ich nicht wiederkommen würde.

Der Weg hinan auf den Berg von Kobylisy, der sich über Karolinenthal und Lieben erhebt, war lang und wurde immer länger. Meine Beine wollten nicht mehr. Ich mußte mich an jeden Baum anlehnen. Was würde ich der Frau Wiesner sagen? Ich sah ihre armen, geschundenen Hände, ich stellte mir ihren Blick voller Hoffnung vor, mit dem sie mich begrüßen würde, und sah im Geiste, wie die Hoffnung erlöschen und ihre Augen mit einem dunklen Schleier sich verdecken würden, wenn ich ihr die Wahrheit sagte. Ich sah die alte Frau zusammensinken in tiefster Not, da sie ihr Kind nie, nie wiedersehen würde. Und da konnte ich nicht weiter, ich stand vor dem Haus, ich konnte es nicht. Ich bin nicht zur Frau Wiesner gegangen.

Und das hat mich bis heute bedrückt und wird mich bedrücken bis an mein Ende. Denn ich hätte zu ihr hingehen sollen, ich hätte den Mut haben sollen, mit ihr zu weinen und mit ihr, obwohl ich damals an keinen Gott mehr glaubte, für ihr Kind, meinen liebsten Freund, zu beten. Ich hätte den Mut haben sollen, ihr über ihr weißes Haar zu streicheln. Ich habe den Mut nicht gehabt und bin weggegangen.

Frau Wiesner ist schon lange tot. Vielleicht hat sie mir, vielleicht hat mir ihr Sohn, mein Kvetoslav, verziehen.

Die Befreiung 1945

Die Gestapo hat anscheinend ihre Taktik von Grund auf geändert. Hatte sie früher ihre künftigen Opfer geduldig observiert, um dann auf einen Schlag eine ganze Gruppe, einen ganzen Verschwörerring, eine ganze Widerstandsorganisation ausheben zu können, verhaftet sie jetzt alles, was ihr in die Hände gerät. Jetzt geht es nicht mehr darum, Verbindungen bloßzulegen, Kuriere zu schnappen, illegale Wohnungen zu entdecken. Jetzt muß alles zerschlagen werden, was in der Endphase des Tausend-jährigen Reichs noch in den direkten Kampf zwischen den geschlagenen Unterdrückern und den vorrückenden Alliierten eingreifen könnte. Kommunisten, Sozialdemokraten, organisierte Soldaten der ehemaligen tschechoslowakischen Armee, Anhänger der Benes-Republik, Liberale, Katholiken, Böhmische Brüder, Sokoln – es wird verhaftet, niedergeschos-sen, im Untergrund in alle Winde zerstreut, als ob die Russen nicht schon vor Berlin, die Amerikaner nicht schon am Böhmerwald stünden. In das Gefängnis der geheimen Staatspolizei in Prag-Pankratz ergießt sich ein nie gesehener Strom von Verhafteten, Tag und Nacht kommen neue dazu. Zellen, die einmal für Häftlinge in Einzelhaft gebaut worden waren, wer-den mit vier, sechs, acht Menschen belegt. Es gibt kaum mehr Raum zum Sitzen, die Gefangenen schlafen in der Nacht nur noch abwechselnd auf dem Fußboden – Strohsäcke gibt es nur für zwei Mann. Endlich erfahren wir zusammenhängender, was draußen geschehen ist. Die einzige Quelle von Informationen sind bisher ja immer nur die Neuzugänge gewesen; was für die Menschen, die jetzt die schrecklichsten Augenblicke ihres Lebens durchstehen müssen, ein unaussprechliches Unglück ist, ist für uns fast etwas Erfreuliches. Kaum hat sich die Tür hinter einem „Zugang" ge-schlossen, schießt ihm die Frage entgegen, was es Neues gebe, wo die Russen wären, wie weit die Amerikaner noch von Prag, was für Aussichten es gebe für den Nationalaufstand, wer verhaftet worden sei, wie stark die Deutschen noch wären, was der Londoner Rundfunk meldete …
Wir haben vergessen, wie erbärmlich wir selbst waren, als wir verhaftet worden waren, wie wir den Zuspruch der Älteren gebraucht hatten – und wir haben auch vergessen, wie verschwiegen wir selbst waren, als sie uns hier herein beförderten. Hatte man uns nicht eingebläut, im Gefängnis den Mund zu halten, da doch jeder Mithäftling ein Konfident, ein V-Mann oder nur ein bloßer Denunziant sein konnte, der sein Los durch

eine Meldung, eine Anzeige hätte erleichtern wollen? Und jetzt fragten wir selbst, ungestüm, ohne Rücksicht auf den seelischen Zustand der letzten Opfer, die uns die SS hereingetreten hatten – und wir wunderten uns, wenn jene „nichts" wußten, nichts gehört hatten. Aber daß Hitler in Berlin „den Heldentod" erlitten hatte – das wußten sie; daß der neue Führer Dönitz hieß, wußten sie auch. Und daß die Rote Armee bei Ostrau, vor Berlin, irgendwo bei Olmütz in Mähren stand, daß die Amerikaner unaufhaltsam nach Osten vordrangen und daß sich ihnen die deutsche Wehrmacht geradezu in die Arme drängte, um von ihnen und nicht von den Russen gefangen genommen zu werden – das wußten sie. Und das genügte uns. Mein Gott, das Ende war nur noch eine Frage der Zeit. Nein, nicht der Zeit, es war eine Frage von Wochen, von Tagen, vielleicht von Stunden geworden. Was würden die Deutschen mit uns tun? Würden sie uns umbringen, um ihre Spuren zu verwischen, um die Zeugen ihrer Missetaten zu beseitigen, vielleicht um sich, wie das bisher immer ihre Art gewesen war, an den Wehrlosen für den Zusammenbruch ihres Reichs, für die Katastrophe ihrer Weltherrschaftsambitionen zu rächen? Es gab unter uns doch einige, die kaum mehr Menschen ähnelten, als sie nach der Sprengung der Vernichtungslager in Polen in den Westen getrieben worden waren und dann aus unerfindlichen Gründen in Prag-Pankratz gelandet waren. Was sie erzählten, war furchtbar – alles, was wir bisher durchgemacht hatten, war dagegen eine bloße Marginalie am Rande des Entsetzens gewesen. Sie sprachen von Massenmorden und Vergasungen, von Genickschüssen und Todesmärschen und Erschießungen vor riesigen Gruben, die sich die Gefangenen selbst hatten ausheben müssen. Wir hörten von Gefangenen, die von Mauthausen hierher gebracht worden waren, was es heißt, „durch die Reihen" getrieben zu werden und was es mit einem „Fallschirmspringer" auf sich hat. Und je mehr die Menschen, die nur noch aus Kopf und einem vogelartigen Hals und einem Gerippe unter faltiger Haut bestanden, über das erzählten, was sie mitgemacht und was sie selbst mit angesehen hatten, desto mehr stahl sich in unsere Herzen die kalte Angst, es könne, ja – es müßte mit uns ebenso verfahren werden wie mit jenen Unglücklichen. Warum sollten uns die Henker, die ihr ganzes Volk zu opfern bereit gewesen waren, nicht mitreißen in den phantastischsten, gigantischsten Totentanz, den die Geschichte je erlebt hat, jene Henker, die im Totenkult geschwärmt und den Totenkopf mit den gekreuzten Beinknochen zum Symbol ihres Tuns und Denkens erhoben hatten?

154

Hätten wir damals das Vermächtnis des Anführers dieser Perversion der Unterwelt gekannt, hätten uns Angst und Entsetzen noch mehr Zunge und Glieder gelähmt.

Das Schlimmste dabei war das Bewußtsein der absoluten Unfähigkeit, was auch immer zu tun sei, um einem Schicksal zu entrinnen, das andere für uns ausgedacht hatten. Wir waren ohnmächtig – und jene wußten um unsere Ohnmacht. Waren wir nicht eine unüberschaubare Anzahl von Geiseln, deren Weiterleben vom Wohlverhalten jener Menschen abhing, die der Freiheit so entgegendürsteten wie wir? Wer aber würde die Artikel dieses „Wohlverhaltens" definieren – etwa Karl Hermann Frank, etwa der Feldmarschall Schörner, etwa Heinrich Himmler? Wie Frank, der deutsche Staatsminister für Böhmen und Mähren und seines Zeichens Gruppenführer der SS und höherer Polizeiführer im Protektorat Böhmen und Mähren, „Wohlverhalten" beschrieb, das wußten wir alle aus der Zeit nach dem Attentat auf Heydrich. Mit welchen Attributen der Reichsführer SS „Wohlverhalten" auszustatten pflegte, hatten wir an uns selbst erfahren – und von Schörners Umgang mit seinen Soldaten, die sich auf eigene Faust in den Westen hatten durchschlagen wollen, und von seiner Behandlung der Zivilbevölkerung hatten wir gehört. Seinen Rückzug säumten Bäume mit Gehängten, die der Oberbefehlshaber der im Protektorat operierenden Wehrmacht hatte zur Abschreckung aufknüpfen lassen. Aber – und das war die zweite Unbekannte, die über unser Sein oder Nichtsein entscheidend war – würden die Menschen draußen, die seit sechs Jahren gedemütigt und geschlagen worden waren und die vor Erwartung zitterten, endlich wieder ihr Haupt erheben zu können und sich an den gehaßten Unterdrückern zu rächen, würden diese Menschen überhaupt bereit sein, irgendeine Definition von „Wohlverhalten" anzunehmen, die aus dem Munde ihrer Peiniger käme? Würden sie sich nicht auch über alles hinwegsetzen, was ihnen an Geboten der Vernunft und der Menschlichkeit im Wege stehen würde? Und würden sie damit nicht den Henkern den Vorwand liefern, uns zu erwürgen, wenn sie schon nicht die wirklich „Schuldigen" greifen könnten?

Wir fürchteten zurecht. Noch am 2. Mai 1945, sechs Tage, nachdem sich die Russen und Amerikaner an der Elbe getroffen hatten, am Tage, als die Sowjettruppen die Rote Fahne mit der Sichel und dem Hammer über dem Reichstag in Berlin aufzogen, wurden auf Befehl der Prager Gestapodienststelle 53 Männer und drei Frauen aus ihren Zellen in der Theresienstädter kleinen Festung, der Dependance des Pankratzer

Gestapogefängnisses, herausgebracht und zwischen halb drei und halb fünf nachmittags gruppenweise erschossen. Man hatte sich nicht einmal die Mühe gemacht, sie zu fesseln oder ihnen die Augen zu verbinden. Eingeäschert wurden sie am 3. Mai im Leitmeritzer Krematorium. Unter den Ermordeten waren – ich habe es schon geschildert – Josef Zach, der lange mein Zellengefährte, und Antonín Tuma, der mein schweigsamer Zellennachbar gewesen war.

Aber das wußten wir damals nicht. Gott sei Dank, wir hätten uns noch mehr gefürchtet vor der Rache der Totenköpfe.

Es war uns nicht entgangen, daß sich das Regime im Gefängnis geändert hatte. Bislang hatte es immer zwei Schichten von Aufsehern gegeben: Morgens pflegte die Nachtschicht nach dem Wecken der Gefangenen und der Meldung von Kranken, Verstorbenen und anderen Vorfällen den Dienst an die Tagesschicht zu übergeben. Noch vor dem Gong, der die „Nachtruhe" verkündete, pflegte der Ruf „Gang eins, zwo, drei – Schlüssel abgeben!" zu ertönen, die wachhabenden SS- und SD-Leute schlurften zur Stelle, wo die drei Gefängnisbauten wie ein riesiges T aufeinanderstießen und übergaben den Dienst der nächsten Schicht. Das hatte plötzlich aufgehört. Es gab nur noch eine Schicht, die ununterbrochen Wache schob, es gab keinen Wachwechsel mehr.

Wo waren die anderen geblieben? Hatten sie sich abgesetzt? Oder waren sie zu Transporten eingeteilt worden, die besonders wichtige Häftlinge irgendwohin bringen sollten? Oder wurden sie bei besonderen Exekutionskommandos beschäftigt? Oder hatte sie die Gestapodienststelle mit der Aufgabe betraut, Material zu vernichten oder auszulagern? Oder hatte man sich entschlossen, die Marodeure des Nazikrieges, junge Kerle mit Totschlägererfahrungen, die sie bislang allein in den Krieg Hitlers gegenüber Wehrlosen eingebracht hatten, wenigstens noch in den letzten Tagen Pulver riechen zu lassen, wie die Millionen deutscher Soldaten, die ihre Haut seit mehr als fünf Jahren schon zu Markte getragen hatten? Wir wußten es nicht, konnten es auch gar nicht wissen, denn ganz plötzlich brach der Zustrom von Neuzugängen ab. Die Gestapo verhaftete nicht mehr – jetzt wurde nur noch erschossen, und zwar an Ort und Stelle. Aber von dem Augenblick an waren wir wieder ohne Nachrichten. Die stickige Unruhe gerann zu Klumpen.

Seit dem 2. Mai gab es keine Freistunden mehr; jetzt waren wir noch mehr atomisiert. Hatten wir früher wenigstens während des viertelstündigen Rundgangs und der nachfolgenden Turnübungen noch andere Menschen außer der eigenen Zellenbelegung gesehen und daher abschätzen können, welche Bewegungen stattgefunden hatten oder noch stattfanden im Bereich der Akquisition und des Umschlags von Häftlingen, konnten wir jetzt nicht einmal mehr ahnen, ob es überhaupt noch Ströme zwischen Lagern, Untersuchungsanstalten und Gefängnissen gab – und wenn, in welcher Richtung sie sich bewegten.

Und noch eine Neuerung war eingeführt worden, seit die Wachmannschaft zusammengeschrumpft war: Während die „Hausarbeiter", mit besonderen Aufgaben betraute Häftlinge, das Essen in die auf dem Boden hinter der Zellentür vorbereiteten Aluminiumschüsseln schöpften, stand der sie begleitende Posten nicht mehr, wie bisher, gelangweilt daneben und beobachtete höchstens, ob sich auch nicht eine einzige Lippe zur Verständigung zwischen Kalfaktor und Häftling krumm machte, sondern hielt seine geladene und entsicherte Maschinenpistole auf die Häftlinge in der Zelle gerichtet, die ohnehin alle außer dem Zellenältesten mit dem Rücken zur Tür in Habtachtstellung dazustehen hatten. Und jedesmal dieselbe Frage: Würde nun der Zeigefinger des Mannes da draußen sich ein bißchen krümmen, ein kleines bißchen nur – oder würde er gerade bleiben?

Heute kommt einem das komisch vor – aber es war nicht komisch, es war ganz und gar nicht komisch.

Aber das Entsetzlichste war wohl, wie die ganze Maschinerie weiter funktionierte. Da war das Reich kaputt, der Hitler kaputt, die braunen Bonzen hatten sich verkrochen – und die hier versahen ihren Dienst, als ob die tausend Jahre, die zu herrschen sie angetreten waren, eben erst strahlend angebrochen wären. Wenn doch wenigstens ein einziges Mal kein Essen ausgegeben worden wäre, wenn sie doch wenigstens ein einziges Mal anstelle von schwarzer Lauge, die hier Kaffee hieß, Pfefferminztee oder auch nur heißes Wasser ausgegeben hätten, wenn sie wenigstens das jeden Mittwoch zu erwartende gedörrte Rinderblut mit Andeutungen von Sauerkraut nicht gebracht und anstelle dessen Steckrübensud gebracht hätten – nein, alles war wie es sein sollte. Morgens erklang der Gong, das heißt, der Schlag auf die Eisentraverse an der Gangkreuzung. Jeden Abend Punkt acht Uhr wurde zur Nachtruhe geschlagen – wieder war ein Tag vergangen, wir lebten zwar immer noch, aber die da draußen waren offensichtlich immer noch unerschüttert und unerschütterlich an der Macht. Und ihre Gesichter, so sie welche hatten, waren, wie eh und je, finster, bleich und steinern. Sie würden auch noch in der letzten Sekunde tun, was man ihnen zu tun befehlen würde, finster, bleich und steinern.

Und das war das Unerklärliche daran, das, was es so schwer, ja unmöglich machte, in ihnen überhaupt menschliche Wesen zu sehen, mit denen man Kontakt aufnehmen, mit denen man sich verständigen, die man aus ihrer Sicht zu verstehen versuchen könnte.

Am Morgen des 5. Mai war alles so wie jeden Tag. Morgens wurden wir entriegelt, denn zur Nacht waren wir nicht nur eingeschlossen, sondern zusätzlich noch mit zwei dicken Eisenlaschen von draußen verriegelt. Wie jeden Tag schlug eine Faust von draußen an die Tür, und die tagtägliche Frage „Gesund?" ertönte. Wie jeden Tag sprangen wir auf und beeilten uns, die Zelle vorschriftsmäßig aufzuräumen, die Decken linealgerade zusammenzulegen, mit dem armseligen Handbesen den Staub aus allen Ecken zusammenzukratzen und in die Klosettschüssel zu schütten und die beiden Strohsäcke, deren Inhalt sich längst zu Häcksel und Staub verwandelt hatte, wie angeordnet an der Wand aufzustellen, was auch an diesem Tag mißlang, weil sich der Inhalt eben nicht mehr aufstellen ließ. Und dann warteten wir, warteten wie jeden Tag.

Es wurde Mittag. Und wie jeden Tag hörten wir draußen das Klappern der Eisenkessel, in denen das Essen gebracht wurde. Wie jeden Tag wurde unsere Zelle aufgesperrt, wie jeden Tag meldete ich mein „Zelle 118, sechs Mann, alles in Ordnung", wie jeden Tag schüttete der Hausarbeiter in jede Schüssel etwas Dünnes zum Essen, wie jeden Tag schloß sich die Tür, wie jeden Tag galt es nur noch, auf den Abend zu warten, in der Hoffnung, ihn auch zu erleben. Wir wuschen unsere Eßschalen in der Klosettschüssel, und dann hielten wir still. Alle unsere Sinne waren in die Ohren konzentriert: Was es zu sehen gab, hatten wir alle längst gesehen – und was es zu sagen gab, hatten wir uns alle schon längst gesagt. Auf einmal hörten wir von draußen – nein, nicht vom Gang aus, sondern von jenseits der Mauern, eine Art Brausen. Es war, als ob sich eine Brandung näherte, so als ob Tausende Stimmen in weiter Ferne sich zu einem mächtigen Strom vereinigten. Der Strom wurde stärker, blieb aber fern. Es waren Schüsse zu hören – mein Gott, was ging da vor? Die Schüsse kamen näher – es mußte etwas geschehen sein jenseits der Mauern, vielleicht gar vor dem Gefängnistor? Aber wo war überhaupt das Tor, in welcher Richtung lag unsere Zelle? Wir schoben den Tisch unter das Klappfenster, einer stellte sich vor die Tür, daß von draußen keiner durch das Guckloch in die Zelle blicken könne, denn das, was wir vorhatten, war so streng verboten, daß wir es die ganzen langen Monate nie gewagt hatten: aus dem Fenster zu schauen, was draußen passierte. Ich stieg auf den Tisch, denn ich war

158

der längste von allen. Der Gefängnishof war leer, hellgrünes Gras sproßte auf dem runden Beet in der Mitte. Über der Mauer leuchtete ein heller, blauer Himmel – und aus den Fenstern der Häuser, deren oberste Stockwerke man hinter der hohen Mauer der Strafanstalt sehen konnte, hingen: „Kinder, Jungens, überall tschechoslowakische Fahnen, blau-weiß-rote Fahnen, unsere Fahnen!" Ich schrie es, die anderen stürzten sich zum Fenster, jeder wollte zuerst sehen, was aus meinem Mund wie ein Märchen geklungen hatte. Dieses Land war wieder unser Land, die Herrschaft der Nazis war gebrochen, wir waren frei, draußen dröhnte die Revolution.

In großen geschlossenen Gemeinschaften gibt es keine Originalität. Im selben Augenblick tun unter denselben Bedingungen alle immer dasselbe: So, wie ich auf den Tisch geklettert war, waren auch andere aus anderen Zellen an ihr Klappfenster gekrabbelt, aus den Zellen links und rechts, über und unter uns ertönte ein aufgeregtes Summen, dann Schreien, jemand begann laut die tschechische Nationalhymne anzustimmen, es klang wie ein Gebet: „Wo ist mein Heim, mein Vaterland …" Und wir standen still, sangen mit, alle sangen mit, das ganze Gefängnis sang mit. Es war wie ein Schwur, es war, als ob alle gleichzeitig jauchzten und gleichzeitig schluchzten. Dann intonierte jemand die slowakische Hymne, das Lied von der Tatra, über der sich Gewitterwolken zusammenziehen – und das Gefängnis sang mit. Nichts, nichts konnte diesen Aufschrei mehr ersticken. Aus irgendeiner Zelle erklang die Marseillaise, sicher waren dort Franzosen inhaftiert, in einer anderen sangen die Häftlinge das ehrwürdige alte Arbeiterlied von der Revolution, „die Internationale erkämpft das Menschenrecht". Wir sangen mit, wir sangen, wir schrien es uns aus dem Leib, die Angst, die gebeugten Häupter, das Elend, die Erbärmlichkeit, die zu unserer zweiten, nein, die zu unserer ersten Wirklichkeit geworden waren. Wir sangen die tschechische und die slowakische Hymne, wir sangen die Marseillaise, wir sangen die Internationale.

Aus der Luke sah ich, wie ein tschechischer Gefängniswächter mit einem Gewehr in der Hand an der Mauer vorbeischlich. Er legte an, zielte in eine mir verborgen bleibende Richtung, gab einen Schuß ab, verschwand wieder.

Es war ein Irrtum: Noch waren wir nicht frei. Wir hörten, wie sich ein schweres Flugzeug näherte. Das konnten nur die Verbündeten sein – hatten wir denn nicht erfahren, daß die deutsche Luftwaffe kein Benzin mehr hatte, um überhaupt noch aufzusteigen? Beherrschten nicht schon seit Wochen die Spitfires und Mosquitos den Luftraum über dem Reich?

Wir krochen alle auf den Tisch, mußten doch den Piloten oben zeigen, daß hier unten Freunde, Verbündete seien, reckten unsere Arme aus den Gittern an die Luft, winkten – und so wie wir, reckten sich Tausende Hände aus allen Fenstern des Gefängnisses: Und da kamen schon die ersten Bomben, Maschinengewehrsalben krachten an die Wände des Gefängnisses. Als der Riesenvogel ganz knapp über dem Dach dahinrauschte, sah ich noch das unter den Flügeln aufgemalte schwarze Eiserne Kreuz – nein, das konnte doch nicht wahr sein! –, es waren deutsche Bomber gewesen, die uns angegriffen hatten!

Uns, die wir hier ohnmächtig hockten und warteten – auf das Leben oder auf den Tod. Das Flugzeug kam wieder, und wieder lud es seine Last über uns ab. Von irgendwoher erklang Geschrei, es hatte jemanden erwischt, oder ein Mann war verrückt geworden. Ich hörte, wie jemand versuchte, mit irgendeinem Instrument die Tür aufzubrechen, es erklangen Schläge, Geschrei. Nur jetzt nicht die Nerven verlieren, nur jetzt nichts tun, was die SS-Wachmannschaften dazu zwingen würde, vielleicht in einer Paniksituation, ihrerseits ein Blutbad anzurichten: Sie hatten die Waffen, nicht wir.

Was wir nicht wissen konnten: Die Bombenangriffe hatten nicht uns, sondern den Menschenmassen gegolten, die von ganz Prag auf den Pankratzer Hügel vor das Gefängnis der Gestapo geeilt waren, um uns zu befreien oder zumindest dabei zu sein, wenn sich die Tore der Despotie öffnen würden. Und was wir ebenfalls nicht wissen konnten: Gerade, als die Bomben fielen, hatte die Gestapo einen prominenten Häftling aus seiner Zelle herausgeholt, um mit ihm als Repräsentation der tschechischen Widerstandsbewegung darüber zu verhandeln, wie man den freien Abzug der Gestapo und ihrer Schergen nach Pilsen zu den Amerikanern mit der Freilassung der Gestapo-Häftlinge koppeln könnte.

Und gerade dieser Häftling, Dr. Lány, war von einem Bombensplitter am Hals getroffen und tödlich verletzt worden.

Und weiter geschah nichts. Nichts, stundenlang nichts. Draußen war es still geworden, in der Ferne ertönten noch hier und da einige Schüsse. Ab und zu dröhnte noch ein Kampfflugzeug weit oben am Himmel. Das Gefängnis versank wieder in Grabesstille. Doch das war nicht die Stille wie an jedem anderen Tag. Man hätte die Spannung mit Händen greifen können.

Es gab da noch ein lächerliches, aber in dem Augenblick sehr wichtiges Problem: Wo sollten wir uns hinkauern? Unter dem Lukenfenster direkt an der dicken Wand waren wir wohl am besten geschützt, wenn die Luft-waffe wieder angreifen würde – in dieser Stellung konnten wir aber von der Tür aus in einem einzigen Augenblick mit einer Maschinenpistolensalve erledigt werden. Gerade umgekehrt war es, wenn wir Deckung neben der Tür in der Klosettnische suchten: Da gab es Chancen zu überleben, wenn uns die SS in ihrer Nekrophilie mit in die Unterwelt mitnehmen wollte – Glassplittern und Steinbrocken waren wir aber da am meisten ausgesetzt, würden die Deutschen ihren Luftangriff wiederholen.

Und dann warteten wir weiter. Ich sah, wie einer meiner Mithäftlinge krampfhaft versuchte, mit trockenem Mund zu schlucken. Die Haut über seinen Schläfen war gespannt, unter ihr sah man das Blut in einer dicken Ader klopfen. Ein junger Kerl vom Lande, der selbst nicht wußte, warum man ihn hierher gebracht hatte, betete still vor sich hin; kaum hatte er das Kreuz geschlagen, hub er ein neues Gebet an. „Bete auch für uns", flüsterte ich. Er nickte: „Ich tu's ja."

Endlich regte sich draußen etwas, man hörte Eimer über die Betonfliesen unseres Gefängnisflügels scheppern, die Laute kamen näher. Wäre dabei auch noch das typische Geräusch erklungen, das Schöpflöffel machen, wenn sie ihren Inhalt in vorgereichte Eßschalen klopfen, hätte man meinen können, in diesem Augenblick, in dem ihre Welt zusammenbrach und eine neue geboren wurde, hätte die SS nichts anderes zu tun, als uns die vorgeschriebene Essensration zu verteilen. Aber nein, es war nur ein Geräusch, wie wenn Eisenkessel gezogen werden. Ich hörte, wie die Zellentür nebenan aufgesperrt wurde, hörte die Meldung – und schon wurde auch unsere Tür aufgerissen. Ehe ich den Mund aufmachen konn-te, waren sechs hartgekochte Eier hereingeworfen worden, wobei der begleitende SS-Mann, ohne eine Regung im Gesicht, seine Maschinen-pistole auf uns gerichtet hatte, und die Tür war wieder verschlossen worden. Mein Gott – es war das Abendessen gewesen! Nicht die Freiheit – für jeden ein Ei, das hatte der Tag gebracht! Darum hatten wir nichts als den klappernden Eimer gehört. Und die Deutschen hatten wirklich keine anderen Sorgen; sie saßen noch immer fest im Sattel, vielleicht hatten sie gar den Aufstand in Prag niedergeschlagen? Und hatten jetzt soviel Zeit sie wollten, um uns der Behandlung zuzuführen, die sie für notwendig und für sie nützlich erachteten.

Wir saßen mit unserem Ei in der Hand – dem ersten Ei übrigens, das ich in der ganzen langen Zeit auf Pankratz je bekommen habe. Und warteten. Hatten wir eben noch unser Glück in die ganze Welt hinausgebrüllt, waren wir jetzt wieder ganz, ganz klein geworden. Eigentlich waren wir nur noch unscheinbare Häufchen Unglück.

Und dann ertönte draußen ein Laut, den ich nie wieder hören zu müssen vermeint hatte: Der Wachhabende schlug – wie jeden Tag – dreimal auf die Traverse an der Kreuzung, womit er die Nachtruhe verkündete und uns gleichzeitig gestattete und befahl, uns zu entkleiden und uns zum Schlaf hinzulegen. Diesen Laut werde ich nie vergessen, es war, als ob damit jemand mitgeteilt hätte, daß alle Hoffnung, von hier herauszukommen, eitle Dummheit wäre. Wir taten, was uns gestattet, wir befolgten, was uns befohlen worden war. Die Uhr auf dem Turm der Gefängniskirche schlug langsam acht.

Es kann nicht länger als zehn Minuten gedauert haben, als von der Kreuzung ein deutscher Befehl erklang, den wir seit Tagen nicht mehr vernommen hatten: „Gang eins, zwo, drei – Schlüssel abgeben!" Jetzt flog ich auf: Wem sollen sie die Schlüssel abgeben? Es gibt ja keine zweite Schicht mehr! Ich hörte, wie der Wachhabende, ein SS-Scharführer mit dem Vornamen Adolf – derselbe, der in der Nacht, als ich eingeliefert worden war, vor meiner Zellentür den „Stinkjuden Hermann Israel Pick" totgeschlagen hatte –, gelassenen Schritts die „Lilly Marlen" vor sich hinpfeifend, die Stufen vom ersten Stock herunterkam, an unserer Tür vorbeiging und sich zur Kreuzung begab.

Und dann ging schon alles blitzschnell, es war wie im Traum. Ein Geräusch näherte sich von rechts; es war, als ob jemand mit einem stumpfen Werkzeug an eine Tür nach der anderen klopfte, schnell, wie eine Maschine, schneller noch. Das Geräusch wurde stärker – jetzt, jetzt hatte es unsere Tür berührt und war schon wieder nach links verebbt. Wir standen da wie versteinert. Ich ging ganz leise zur Tür, drückte an sie – und sie öffnete sich, stand offen. Die Tür gegenüber öffnete sich ebenso sachte, der fragende Kopf eines Häftlings erschien – er wußte ebenso wenig wie ich, was zu tun sei. War das die letzte Finte? Hatten sie auf der Kreuzung ihr schweres Maschinengewehr aufgebaut, um alle niederzumähen, die jetzt auf den Flur treten würden – „auf der Flucht erschossen", wie es auf unseren Totenscheinen heißen würde? Doch da sahen wir, wer uns geöffnet hatte: Ein alter, ergrauter tschechischer Gefängniswärter war es gewesen, der in rasender Eile von Zellentür zu Zellentür hastete, um die Insassen herauszulassen. Die Beamten von der tschechischen Strafanstalt hatten die SS-Wache überrumpelt und das Gestapo-Gefängnis im Handstreich unter ihre Kontrolle gebracht. Wir sahen noch, wie der Alte unsere Kameraden im ersten Stock befreite, und dann gab es kein Halten mehr, plötzlich standen Tausende Häftlinge auf den Fluren, in allen Etagen, in allen Flügeln, wir rannten, wir rannten hinaus, in die Freiheit. Am Eingang, da, wo wir nach jeder Vernehmung geschlagen und getreten worden waren, wo sie uns die Köpfe an die Wand gestoßen hatten, standen sie nun selbst, mit hocherhobenen Händen und, wie sie es uns beigebracht hatten, mit dem Gesicht zur Wand – eben noch Herren über Leben und Tod, halbe Götter – und nun dreckige, blutende Verbrecher.

Wir rannten an Gittertüren entlang, die alle aufgerissen waren, rannten durch das Hauptportal, rannten die Stufen vom Justizpalast hinunter … Und dann blieb ich stehen. Ich war frei. Ich war wirklich frei.

Der Himmel war noch hell. Vor dem Justizgebäude lag eine umgekippte Straßenbahn, eine Laterne war in der Mitte abgeknickt, aus der Bruchstelle loderte eine hohe Gasflamme. Außer uns, die wir aus dem Gefängnis herausquollen, gab es hier niemanden mehr.

Ich mußte nach Hause. Nach Hause – das war zu meiner Mutter. Sechs Wochen fast hatte ich nur noch gelegen, seit ich damals in der Zelle zusammengebrochen war, meine Beine waren zu Stelzen geschrumpft; wo einmal Muskeln gewesen waren, hingen jetzt nur noch faltige Lappen herunter. Aber nach Hause mußte ich. Und ich rannte …

Pankratz liegt auf einem Hügel. Ich lief hinunter, eine große breite Straße lang. In den Eingängen der hohen Wohnhäuser standen Menschen, sie riefen mir zu, ich solle mich decken, zu ihnen kommen, es sei gefährlich jetzt, in Prag würde geschossen. Ich lief weiter. Mit donnerndem Geräusch stob ein Kampfflugzeug über mich hin – es war von hinten gekommen und hatte dieselbe Richtung wie ich. Ich sprang zur Seite. Wo ich eben noch gestanden hatte, prasselten Kugeln nieder, die der Flieger abgefeuert hatte. Nein, ich war nicht das Ziel gewesen: Überall hatten die Tschechen begonnen, Barrikaden zu errichten, denn nicht zu Unrecht fürchteten sie, die starken SS-Verbände, die sich südlich von Prag in der Gegend von Beneschau aufhielten, würden in Prag einfallen und mit ihrer starken Panzerwaffe die Revolution niederwalzen. Ich rannte weiter, an den Barrikaden vorbei, unten im Tal über einen großen Platz, den ich früher nie gesehen hatte, immer geradeaus, bis ich die Sohle eines Bergs erreicht hatte, den eine große Grünanlage, der Havlícek-Park, bedeckte. Den kannte ich: Ganz hoch oben mußte die breite Französische Straße sein, von der die Slowakische Gasse abzweigte, in deren Gymnasium ich doch damals meine Reifeprüfung abgelegt hatte – mein Gott, wie weit war das weg, die Reifeprüfung! Jetzt mußte ich nur noch sehen, wie ich nach oben käme! Und ich kam nach oben, ohne stehenzubleiben.

Wäre ich damals nicht so stur geradeaus gelaufen, bergab, bergauf, und hätte den kleinen bequemeren Umweg nach links gemacht, wäre ich wohl nie zurückgekommen. Denn ich wäre geradewegs in das einzige Zentrum gerannt, in dem am ersten Tag des Prager Aufstands am erbittertsten gekämpft wurde, in das Areal um den Prager Rundfunk. Hier hatte die Revolution am Mittag begonnen. Um das Gebäude hatte es schwere Kämpfe gegeben – und es wurde immer noch gekämpft. Aber wie hätte ich das wissen sollen? Der Rundfunk blieb links liegen, ich überquerte die Straße, die vor dem Krieg zu Ehren des französischen Marschalls Foch benannt gewesen und von den Deutschen mit dem Namen des preußischen Generals Schwerin belegt worden war, lief wieder bergan am Kriegerdenkmal vorbei, immer weiter hinauf. Links lag Prag in seinem wunderbaren Dunst zu meinen Füßen, man konnte am Horizont noch den Hradschin ahnen. Hier mußte ich stehenbleiben. Ich konnte nicht mehr – aber ich hätte hier stehenbleiben müssen, auch wenn mich meine Beine weiter getragen hätten.

Ich saugte diese Stadt wieder in mich hinein, den Nebel, die Tausende glitzernder Türme, den Duft der Fliederbüsche, deren Blüten in jedem Augenblick aufbrechen konnten, wie das Glück. Und plötzlich fing ich an zu schreien. Es hatte keinen Sinn, was ich schrie, ich schrie, wie ein Kaninchen schreit, wenn es ein Hund gerissen hat. Alles, was sich angestaut hatte, schrie ich hinaus, die Angst, die Spannung, das Glück, daß ich überlebt hatte. Die Freiheit drohte mich zu erdrücken, ich konnte nicht mehr atmen. Ich lief schreiend weiter.

Ein Mann kam mir entgegen, sagte etwas. Ich streckte ihm meinen Zeigefinger entgegen: „Weißt du, Bruder, was Freiheit ist?" Das war jetzt die allerwichtigste Frage, die ich loswerden mußte, die ich lösen mußte: „Was ist Freiheit?" Der Mann sah mich an, zuckte die Achseln, ich sah Mitleid in seinem Blick – er hielt mich für verrückt. Man fragt nicht nach Dingen, die selbstverständlich sind, nur Narren fragen nach solchen Sachen. Ich rannte weiter. Der letzte Hügel lag noch vor mir – man konnte einen Weg links und man konnte einen Weg rechts einschlagen. Ich rannte nach links. Und wiederum: Hätte ich den rechten Bogen geschlagen, wäre ich wohl niemals nach Hause gekommen: Gerade da hatten sich halbwüch-

Mutter Fuchs, 1944

sige Deutsche, die man aus der Hitlerjugend rekrutiert und zu Wehr-wolfaktionen ausgebildet hatte, niedergelassen und schossen auf alles und jeden, was ihnen vor die Gewehrmündungen kam. Aber wie konnte ich das damals wissen – vielleicht hatte mir das der Mann sagen wollen, der das Vergebliche seines Unterfangens eingesehen hatte, als ich ihm mit meiner dringenden Frage den Atem verschlagen hatte.

Aber ich rannte nach links, kam ans Ende des Rigerparks, sah schon aus der Ferne unsere Straße – und an der Ecke stand der Alfred. Mein Bruder Alfred! Er sah mich, schrie auf, rannte mir entgegen, faßte mich an der Hand, sagte ganz leise: „Gib acht, hier schießen sie von den Dächern", und dann lief er vor mir her, als ob er alles mögliche Böse aus dem Weg räumen wollte. „Der Willi kommt, der Willi kommt", rief er.

In die Gruppe von Leuten, die im Eingang unseres Hauses standen, kam Bewegung. Die Hausmeisterin, Frau Skudronová, schrie: „Holt die Frau Fuchsová, holt sie, der Willi kommt!" Einige Leute eilten in den Keller, wo sie meine Mutter, die Deutsche, hingesetzt hatten, um sie vor Tsche-chen zu schützen, die daran gegangen waren, sich an allem, was deutsch war, für die vergangenen Jahre zu rächen und die auch meine Mutter, die Deutsche, hätten auf die Straße zerren können.

Plötzlich konnte ich nicht mehr weiter. Die Beine wurden schwer wie Blei, mein Herz schien still zu stehen. Auf der Straße lagen einige Tote, einer von ihnen war der Jan Síma, mit dem ich ins Stephansgymnasium gegangen war – er war immer ein so lustiger Junge gewesen, seine Eltern hatten ihn in die deutsche Schule geschickt, daß er richtig deutsch lerne, denn im Leben kann man ja immer gut deutsch brauchen – und jetzt hatte ihn die Kugel eines deutschen Heckenschützen ausgelöscht – einfach nur so.

Ich ging langsam, ganz langsam auf unser Haus zu. Man hatte aus dem Keller eine gebeugte, alte Frau mit schneeweißem Haar gebracht. Jetzt stand sie neben dem Tor. Ich ging auf sie zu. Sie breitete ihre Arme aus. „Willilein", sagte sie. Und ich sagte „Mama".

Da fühlte ich, wie sie langsam zusammensackte. Ihr Herz war gebrochen, damals, als sie mich verhaftet hatten. Und so nahm ich sie denn in meine Arme und trug sie in unsere Wohnung im ersten Stock. Da legte ich sie nieder. Und sie öffnete ihre Augen, die so blau gewesen waren wie Vergißmeinnichtchen und die ganz blaß vor Leid geworden waren, und sie sagte wieder: „Willilein".

Und ich küßte sie und sagte: „Mama". Und jetzt war ich wirklich zu Hause.

Ein später Nachruf

Es muß in den frühen sechziger Jahren gewesen sein, als ich Vilém Fuchs zum ersten Mal begegnete. Er leitete damals die deutschsprachige Abteilung des Prager Rundfunks, und ich wollte zu irgendeiner aktuellen Angelegenheit Stellung nehmen. Er beeindruckte mich mit seiner athletischen Gestalt und hochentwickelten Sprachkultur, die er auch den bei ihm Auftretenden abverlangte.

Viele Jahre habe ich ihn dann nicht gesehen, wußte nur, daß er um 1968 als Berichterstatter in Bonn weilte, und hörte, daß er nach dem sowjetischen Einmarsch in Prag, als Emigrant in der Bundesrepublik geblieben, eine Stellung bei Radio Bremen bekommen hat.

Es vergingen mehr als zwanzig Jahre, ehe ich ihn wiedersah. Radio Bremen hat mich 1984 eingeladen, im Rahmen der sogenannten „Bremer Beiträge" einen Vortrag über ein selbstgewähltes Thema zu halten. Da fand ich ihn unter denen, die mich empfingen, und merkte, daß er in den intellektuellen Kreisen der Stadtrepublik eine hochgeachtete Persönlichkeit war. Da begegneten wir einander, als ob wir seit langem nahe Freunde gewesen wären. Die Parallelität unserer Geschicke und unser gemeinsamer Emigrantenstatus brachten uns so zusammen. Bei dem kleinen Empfang nach meinem Vortrag sprach er über meinen Artikel von 1968 „Eppur si muove" als dem Manifest des Prager Frühlings und las ihn in eigener Übersetzung vor. Er lud mich in sein Haus ein. Da saßen wir einige Stunden zusammen mit nostalgischen Erinnerungen und vagen Hoffnungen. Es ging uns beiden äußerlich gut, aber wir fühlten uns nicht glücklich, denn auch das angenehmste Exil läßt die Stimme des Heimwehs nicht verstummen. Vilém schenkte mir damals den von seinem Vater getragenen Judenstern. Ich bewahre ihn als ein besonderes Zeichen der Freundschaft.

Als ich das nächste Mal nach Bremen kam, war Vilém nicht mehr auf der Welt.

27. Januar 1999   Eduard Goldstücker